결혼은 모르겠고
돈은 모으고 싶어

결혼은 모르겠고
돈은 모으고 싶어

김경필 지음

혼자 벌어도 든든한
1인 가구 돈 관리의 모든 것!

내 돈은
다른 누가 모아주지 않습니다

우리는 현재 '1인 경제 시대'를 살고 있습니다. 결혼하지 않고 혼자의 삶을 살아가는 사람이 점점 더 많아지고 있다는 뜻입니다. 사실 생각해보면 세상은 단 두 가지로만 이루어져 있습니다. '나'와 '나 이외의 세상', 그것이 전부입니다.

살기 바빠서 잊고 지냈습니다만, 태어날 때부터 우리는 이미 혼자였습니다. 나를 둘러싼 환경이 어느 날 갑자기 바뀌어서 혼자가 된 게 아니라, 뒤늦게야 비로소 '내가 정말 혼자였구나……'라는 사실을 깨닫게 되는 것입니다.

얼마 전 상담을 통해 만난 이기철(미혼·35세) 씨는 다소 늦은 나이에 회계사 시험에 합격한 3년 차 주니어 회계사였습니다. 20대 중반에 첫 직장을 잡았지만, 얼마 지나지 않아 회계사가 되기로 결심하고 퇴사한 뒤 오랜 시간을 고시원에서 보냈습니다. 시험에 합격한 후에는 그동안의 고생에 대한 보상 심리로 돈을 물 쓰듯 써서, 현재는 모아둔 돈이 거의 없다고 했습니다. 이제야 처음 주식 투자를 시작했다는 그에게선 조급함이 엿보였지요. 서른 중반이 넘도록 모아놓은 돈이 하나도 없으니 충분히 그럴 만했습니다.

기철 씨의 조급함이 더욱 커진 결정적인 계기는 부모님의 갑작스러운 제안 때문이었습니다. 그는 자신의 부모님을 '하우스 푸어House poor'라고 소개했습니다. 10년 전 퇴직하고 곧바로 개인 사업을 시작한 그의 아버지는 사정이 갈수록 어려워지자 얼마 전 사업을 접고 완전히 은퇴했습니다. 부모님은 서울 목동의 랜드마크로 알려진 60평대 주상복합아파트를 소유하고 있었지만, 이제는 소득이 끊겨 노후 생활을 해나가기 막막한 상황이었습니다. 집을 팔고 더 작은 집으로 옮겨도 되었지만, 적절한 매도시기를 놓친 탓에 집을 현금화하지 못해 자금줄이 꽉 막힌 상황이었습니다. 당장 헐값에 집을 팔 수도 없었던 부모님은 아들에게 한 가지 제안을 했습니다.

"앞으로 매월 생활비로 200만 원을 내놓는 대신 나중에 괜찮은 가격에 집이 팔리면 은행 이자를 쳐서 목돈으로 갚아 줄게."

일종의 금융 계약서 같은 제안이었지요. 하지만 이것이 끝이 아니었습니다. 부모님은 기철 씨에게 "그 어떤 재산도 상속해줄 수 없다"라고 선언했습니다. 이 말을 들은 순간, 그는 망치로 머리를 한 대 얻어맞은 것 같은 충격을 느꼈다고 합니다. 상속에 대해 구체적으로 생각해본 적 없던 기철 씨는 도리어 충격을 받은 자신이 낯설게 느껴졌다고 합니다. 부지불식간에 부모님의 재산을 의식하며 '언젠가 내게 도움이 되겠지'라고 생각했던 스스로에게 놀란 것이었습니다. 앞으로 부모님께 매달 200만 원씩 생활비를 드려야 하는 처지에 놓였으니, 이제 따로 저축은 고사하고 자기가 쓸 한 달 생활비도 빠듯해질 게 분명했습니다.

"이번 일을 계기로 돈 문제만큼은 '진짜 나 혼자'라는 사실을 깨달았습니다."

기철 씨의 이 말은 아직까지도 제 머릿속에 매우 인상적으로 남아 있습니다. 정말 그의 말처럼 돈에 관한 문제는 그 누구도 나를 도와줄 수 없습니다. 결국 돈에 있어서만큼은 우리 모두가 '혼자'인 셈입니다.

결국 '나 혼자' 마인드에 달렸다

기철 씨의 상황처럼 부모님과 성인이 된 자녀가 함께 거주하는 3~4인 가구의 상황을 자세히 들여다보면, 부모 자식 간이라도 이미 생계 영역이 분명하게 분리된 '각각 1인 가구'인 경우가 정말 많습니다. 이처럼 함께 살지만 생계는 분리된 '경제적 1인 가구'는 앞으로도 꾸준히 늘어날 전망입니다. 최근에는 이미 주거까지 완벽히 분리된 1인 가구가 급속도로 늘어나고 있습니다.

결론부터 말하자면, 1인 경제 시대에 철저히 대비하고 똑똑하게 재테크하기 위한 성공의 핵심 열쇠는 바로 '나 혼자 마인드'입니다. 일반적으로 사람들은 '혼자'라는 말을 왠지 꺼려합니다. 쓸쓸하다고 느끼는 것이지요. 하지만 아이러니하게도 인생에서 남다른 성공을 거둔 많은 사람은 혼자였던 시간을 통해 성공했고, 오히려 혼자라는 핸디캡을 안고 성장했습니다. '인생은 결국 나 혼자다'라는 생각이 성공을 향한 발걸음에 걸림돌이 아니라 디딤돌이 된 사례는 무수히 많습니다. 특히 제가 만나본 모든 1인 가구 재테크 성공 스토리에는 어김없이 '나 혼자 마인드'가 깔려 있었습니다.

외국 대사관에서 근무하는 최다영(미혼·34세) 씨는 오래 만난 남자친구가 있음에도 결혼에 관한 질문을 받으면 "아, 결혼이요? 딱히 독신주의는 아닌데, 안 할 수도 있을 것 같아요"라고 답합니다. "안 할 수도 있다"는 말에는 '결혼하지 않아도 삶에 아무런 문제가 없다'는 일종의 자신감과 함께, '결혼은 내가 주관적으로 결정해야 할 선택의 문제'라는 의미를 담고 있습니다. 그녀에게 있어 결혼은 자신의 행복을 위한 선택지일 뿐, 반드시 해야 하는 의무나 책임이 아닌 셈입니다.

다영 씨는 주말이나 휴일이면 틈틈이 번역 아르바이트를 하는데, 이는 여행을 포함한 문화·여가 생활비를 충당하기 위해서입니다. 혼자 쓰고 즐기기에 전혀 모자라지 않은 월급임에도 굳이 아르바이트까지 병행하는 이유는, 목표를 가지고 시작한 저축을 끝까지 유지하기 위해서입니다. 또 이렇게까지 저축을 고집하는 이유는 누구에게도 얽매이거나 의존하지 않는 인생을 살기 위해 '경제적 독립'이 가장 중요하다고 생각했기 때문이지요.

"인생을 살아가면서 제 자신에게 집중하려면 무엇보다도 경제적 능력이 뒷받침되어 있어야 한다고 생각해요. 먼저 스스로에 대한 책임감을 깨닫지 않으면 안 되죠."

그녀는 자신이 스스로를 경제적으로 책임지지 못하면 부모나 가족에게 휘둘릴 뿐만 아니라, 결혼을 하더라도 분명 시댁에 얽매일 수밖에 없을 것이라 말합니다. 다영 씨의 이야기를 들으면서 순간, 요즘 주목 받는 욜로YOLO('인생은 한 번뿐이다'를 뜻하는 You Only Live Once의 앞 글자를 딴 용어로 현재의 행복을 가장 중시하여 소비하는 태도를 말한다) 트렌드가 떠올랐습니다. 무엇에도 구애받지 않고 자기 혼자만의 행복을 추구한다는 점에서 욜로족과 다영 씨의 목적은 비슷합니다. 그러나 연봉의 절반 이상을 해외여행이나 사고 싶은 물건에 쏟아붓는 욜로족의 경우, 당장의 자유와 행복을 누리는 데 수반되는 책임에 대해서는 대체로 회피하는 경향을 보입니다. 반면 다영 씨는 누구에게도 얽매이지 않는 자유를 누리기 위해 '그 자유에 반드시 따르는 책임'을 스스로의 의지와 능력으로 감당해야 한다고 생각합니다. 이것이 그녀가 혼자서도 당당하게 살아가는 이유이지요.

직장 생활 8년 차에 4500만 원의 연봉을 받는 다영 씨의 현재 자산은 무려 2억 1000만 원입니다. 쉽게 믿을 수 없는 이 금액은 무조건 쓰지 않고 아끼기만 해서 모은 것이 아닙니다. 철저하게 '나 혼자 마인드'를 가지고, 자신만의 방식으로 돈 관리와 재테크를 꾸준히 해온 결과물입니다.

흔히 '인생은 결국 모든 걸 혼자 짊어지고 살아가는 것이다'라고 하면, 어느 누구와도 도움을 주고받기 거부하는 고집불통의 독불장군식 자세를 떠올립니다. 하지만 다영 씨도 다른 사람들에게 꼭 받아야 할 도움은 기꺼이 받습니다. 또 주위의 많은 사람과 좋은 관계를 유지하지요. 그녀는 그저 자신의 현재와 미래를 스스로 책임지고 지켜야 한다는 생각이 남들보다 강할 뿐입니다.

진정한 경제적 자유를 누리는 1인 가구를 바라며

저는 지난 10년간 2600명이 훌쩍 넘는 젊은 직장인들을 만나왔습니다. 그중에는 경제적으로 독립한 듯 보이지만, 정작 자신이 버는 월급의 전부를 부모가 관리하거나 심지어 형제에게 맡기는 경우도 있었습니다. 그래서 직장 생활을 한 지 3년이 다 되도록 자신의 자산이 정확히 얼마인지, 돈이 어디로 나가고 어떻게 쓰이고 있는지 모르는 사람이 굉장히 많았습니다. 그들은 "제가 가지고 있으면 자꾸 쓰게 되니까 경험이 쌓일 때까지 맡기는 게 나은 것 같아서요"라고 말합니다. 하지만 정작 돈은 다른 사람에게 맡겨두고 돈 관리하는 법을 알아가겠다는 말 자체가 어불성설 아닐까요?

이는 단순히 개인 차원의 문제만이 아닙니다. 우리는 현재 기술의 발전 속도가 가히 혁명적이라고 할 수 있는 21세기를 살고 있습니다. 점점 빨라지는 세상 모든 것의 속도만큼이나 생활의 편리함도 날로 높아지고 있지요. 하지만 그만큼 편리한 무언가에 늘 의존하며 살아간다는 문제점도 발생했습니다. 스스로 정보를 찾아보고, 공부하면서 생각하고 판단하기보다는, 온라인상에 떠다니는 막대하고 검증되지 않은 지식과 정보들을 있는 그대로 받아들입니다. 이런 의존적인 성향은 돈 관리에 있어서도 그대로 적용되었습니다. 스스로 공부를 통해 장기적인 안목을 갖고 꾸준히 실천해야 성공을 거둘 수 있는 재테크의 영역에서도 누군가에게 기댄다거나 손쉽게 얻을 수 있는 거짓 정보를 맹신하고 있는 셈입니다.

우리의 일상은 빠르게 1인 가구화되어 가는데, 안타깝게도 이를 준비하기 위한 정서적·경제적 독립은 제대로 이루어지지 않고 있습니다. 분명히 말하건대 돈을 번다고 해서 경제적 독립이 이루어지는 것은 절대 아닙니다. 돈을 벌고, 스스로 그 돈에 대한 소비와 투자를 결정해 얻게 되는 결과까지 책임질 수 있어야 진정한 경제적 독립에 들어서는 것입니다. 실제로 제가 만난, 평범한 배경에도 불구하고 재테크에 큰 성공을 이룬 사람들은 모두 '나 혼자 마인드'와 그에 따른 '실천력'을 가지고 있었습니다. 반면, 재정적인 어려움을 겪는 많은 1인 가구에서는 나 혼자 마인드와 실천력이 부족하다는 사실을 공통적으로 발견할 수 있었습니다. 그래서 이 책을 통해 나 혼자 마인드를 기르고, 그 힘을 이용해 성공을 거둘 수 있는 1인 가구 재테크 비법을 이야기하고자 합니다.

지금 우리는 모든 것이 불확실한 시대에 살고 있습니다. 오직 확실한 한 가지는 '모든 것이 불확실하다'라는 사실뿐입니다. 하지만 불확실함이 반드시 부정적인 것만은 아닙니다. 불확실하다는 말에는 불안정하다는 뜻도 있지만 동시에 아직 미래가 정해지지 않았다는 의미, 다시 말해 지금 우리가 어떤 선택을 하느냐에 따라 얼마든지 미래를 '바꿀 수 있다'는 강력한 긍정의 의미가 내포되어 있습니다. 이 책을 통해 1인 가구뿐만 아니라, 궁극적으로는 1인 경제 시대를 살아가는 모든 사람이 잃어버린 목표를 되찾고 당당하게 경제적 독립을 이루기를 바랍니다.

2018년 8월
김경필

1장 '나 혼자 마인드' 세팅하기

이렇게 쓰고 살아도
괜찮은 걸까?

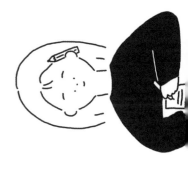

2장 돈 모으는 습관 만들기

오늘부터
돈과 친해지기로 했다

5장 1인 가구 재테크 실천하기

내 삶은 내가 책임지겠습니다

돈 관리 능력 테스트

1. 매월 지출하는 금액이 정확히 얼마인지 모르고 돈 관리가 어렵다.

매우 그렇다 □   그런 편이다 □   그렇지 않다 □   절대 그렇지 않다 □

2. 저축과 투자 정보를 직접 찾아 공부해보거나 경제적인 문제를 혼자 생각해서 판단하고, 결정해 실행에 옮긴 경험이 없다.

매우 그렇다 □   그런 편이다 □   그렇지 않다 □   절대 그렇지 않다 □

3. 장래(혹은 현재)에 배우자에게 경제적인 도움을 받기 원한다.

매우 그렇다 □   그런 편이다 □   그렇지 않다 □   절대 그렇지 않다 □

4. 경제 활동을 오래 하기보다는 되도록 이른 은퇴를 고려 중이다.

매우 그렇다 □   그런 편이다 □   그렇지 않다 □   절대 그렇지 않다 □

5. 앞으로의 경제 활동(이직, 창업 등)을 위해 현재 하고 있는 자기계발(자격증 준비, 직무 공부 등)이나 경력 관리가 따로 없다.

매우 그렇다 □   그런 편이다 □   그렇지 않다 □   절대 그렇지 않다 □

6. 소득이 끊긴 후에 필요한 경제적 대책에 대해 구체적(수치적)으로 생각해본 적이 없다.

매우 그렇다 □   그런 편이다 □   그렇지 않다 □   절대 그렇지 않다 □

7. 경제·금융 지식이 매우 얇고 이 점을 개선하기 위해 공부를 하거나 새로운 정보를 찾는다든지 등의 실질적인 노력을 전혀 못하고 있다.

매우 그렇다 □   그런 편이다 □   그렇지 않다 □   절대 그렇지 않다 □

8. 은퇴 시점에 예상되는 자산 규모를 구체적(수치적)으로 생각해본 적이 없다.

　　매우 그렇다 ▢　　그런 편이다 ▢　　그렇지 않다 ▢　　절대 그렇지 않다 ▢

9. 확실한 근거는 없지만 앞으로 개인적인 경제 상황이 지금보다는 나아질 것이라고 생각한다.

　　매우 그렇다 ▢　　그런 편이다 ▢　　그렇지 않다 ▢　　절대 그렇지 않다 ▢

10. 5년 후를 기준으로, 계획하고 있는 구체적 재무 목표가 어떤 형태(현금, 부동산 등)로든 사실상 없는 상황이다.

　　매우 그렇다 ▢　　그런 편이다 ▢　　그렇지 않다 ▢　　절대 그렇지 않다 ▢

결과 계산하기

매우 그렇다 : 0.5점 ｜ 그런 편이다 : 1.0점 ｜ 그렇지 않다 : 2.0점 ｜ 절대 그렇지 않다 : 3.0점

 당신의 돈 관리 점수는 .... 점

액수가 크든 작든 돈 관리는 철저히 '내 몫'이다. 절대 다른 누가 책임져주지 않는다. "내 통장 잔고는 나에게 달려 있다!"는 생각, 즉 '나 혼자 해내는 재테크 마인드'(이하 나 혼자 마인드)가 당장 돈을 벌 수 있는 재테크 정보나 방법론보다 우선시돼야 한다.

위의 열 가지 질문은 돈 관리에 성공한 평범한 사람들이 공통적으로 갖고 있는 특징들을 정리하여 평가 항목으로 재구성한 것이다. 돈 관리 능력 점수로 알 수 있는 당신의 '나 혼자 마인드' 수준은 다음과 같다.

　　5~7.5점: 매우 약함 ｜ 8~21점: 약함 ｜ 22~25점: 보통 ｜ 26~30점: 강함

'보통' 또는 '강함'에 해당하는 점수를 얻었다면 당신은 이미 재테크에 성공할 수 있는 기본 마인드를 가진 사람이다. 만일 '약함' '매우 약함'이라는 결과가 나왔더라도 걱정하지 말자. 이 책을 읽기로 결심한 순간 이미 당신 안에 나 혼자 마인드가 싹트기 시작한 것이다. 자, 이제 본격적인 돈 관리를 시작해보자!

1장

이렇게 쓰고 살아도
괜찮은 걸까?

제가 돈에 대해 너무 모르죠?

007

기본 마인드

매달 진행하고 있는 재테크 세미나에서 만난 고연희(43세) 씨는 자신을 미혼의 초등학교 교사라고 소개했다. 그러면서 세미나에 참석한 사람 대부분이 20대에서 30대 초반의 젊은 직장인이라 무척 놀랐다고 했다. 자신은 마흔이 넘어서까지 돈과 관련된 재테크나 투자에 제대로 관심을 가져본 적이 없기 때문이었다. 실제로 연희 씨는 17년이라는 짧지 않은 시간 동안 돈을 벌어왔음에도, 가지고 있는 자산이 1억 원이 채 되지 않았다. 그녀는 얼마 전에서야 비로소 자신의 상황을 '문제'로 인식했다.

제주도가 고향인 연희 씨는 서울로 올라올 때 부모님 뜻에 따라, 주말부부로 생활하던 언니 집에서 함께 살게 되었다. 처음에는 당분간일 거라고 생각했던 동거가 올해로 19년이나 되었고, 얼마 전 형부가 퇴직을 하면서 난생 처음 혼자 살아야 하는 상황을 마주했다. 20대 중반부터 IT기업에서 5년간 근무한 후, 현재까지 10년 넘게 초등학교에서 기간제 교사로 일하며 컴퓨터를 가르치고 있는 연희 씨는 취미로 운동을 하고 모임에도 나가는 등 여러 가지 사회 활동을 즐기는 활발한 성격의 소유자였다. 그런데 유독 돈 문제에서만큼은 너무 무신경하게 살아온 터라 갑작스럽게 닥쳐온 비자발적인 독립이 무척 당혹스럽다고 했다. 그녀는 그동안 돈 관리, 더 나아가서는 삶의 많은 영역에서 대책 없이 살아온 자신을 자책하며 자조 섞인 한숨을 내쉬었다. 그러고는 이렇게 말했다.

"부끄럽네요. 제가 돈에 대해서 몰라도 너무 모르죠?"

그녀가 이처럼 돈에 무관심하고 재테크에 문외한이 된 진짜 이유는 무엇일까?

'어떻게든 되겠지'라는 근거 없는 믿음

지방에서 서울로 올라와 치열한 타향살이를 하며 나름의 생존력을 키우는 다른 청년들과 달리, 젊은 시절 연희 씨는 가족들 덕분에 주거와 일상생활 영역에서 일찍이 안정을 누렸다. 당장 위기의식을 느낄 일이 전혀 없는 안정된 환경은 그녀가 '나 혼자 마인드'를 기를 수 없게 된 원인이 되었다. 돈은 쓸 만큼 벌고 있어서 당장 하고 싶은 일들을 무엇이든 할 수 있었고, 별다른 걱정 없이 온전히 자신이 좋아하는 일에만 시간과 돈을 투자하며 살아왔다. 물론 나이가 들고 결혼이 늦어지면서 '어쩌면 평생 독신으로 살 수 있겠다'는 생각에 가끔은 미래에 대한 불안감도 느꼈지만, 그때마다 부모님이 형제들에게 입버릇처럼 말씀하시던 한마디를 떠올렸다.

"제주도에 땅이 있으니, 다음에 너희들한테 공평하게 나눠 줄게."

부동산에 약간의 관심만 있으면 다 아는 사실이지만, 부모님이 일찍이 상속 의사를 밝힌 땅이라면 현재는 아무런 경제적 가치가 없는 땅일 가능성이 크다. 부동산 전문가들은 이렇게 가치가 매우 낮은 토지를 땅이라 부르지 않고 '흙'이라 부른다. 물론 세상일은 어떻게 될지 모른다지만, 부모님이 한번 꺼낸 말에 미래에 대한 막연한 기대감을 갖는 것은 매우 위험한 일이다.

일찍이 연희 씨의 친구들은 그녀의 상황을 염려하며 "당장 들어가 살지 않더라도 시세 차익이라도 얻게끔 서울에 소형 아파트를 사두라"라는 조언을 귀에 못이 박히도록 했다고 한다. 소위 갭Gap 투자를 권유한 것인데, 그녀는 집을 사면 언니네 집을 나와야 할지도 모른다는 두려움에 친구들의 말을 흘려들었다. 그러다 결국 독립해야 할 상황을 마주한 지금, 손에 쥐고 있는 돈이 너무 초라해 보여 재테크 세미나에 참석하게 된 것이었다. 이처럼 갑작스럽게 독립이라는 단 하나의 선택지를 마주한 상황 속에서도 별다른 대책이 전혀 없는 연희 씨의 상황은, 앞으로의 삶을 준비하지 않는 1인 가구라면 누구나 맞이할 수 있는 미래다.

17년이나 돈을 벌었고 부모님으로부터도 빠르게 독립한 연희 씨가 이처럼 제대로 돈 관리를 하지 못한 진짜 이유는 무엇일까? 그것은 바로 너무 오래전부터 모든 삶의 영역에 걸쳐 매우 의존적이고 수동적인 자세를 취했다는 점이다. 그녀는 분명 혼자 살아왔지만 단 한 번도 온전히 혼자서 생활한 적이 없었다. 의지할 수 있다고 믿었던 가족들은 결과적으로 그녀가 경제적·정서적으로 완전히 독립할 기회를 가로막은 장애물이 되었다. 그녀는 가족들이 주는 안정감 속에서 간혹 미래에 대한 불안감을 느낄 때면 늘 '나중에 어떻게든 되겠지'라고 생각했다. 심지어 이런 생각을 '긍정적인 사고'라며 합리화하기도 했다. 하지만 '모든 게 다 잘될 거야'라는 근거 없는 믿음은 결코 현실의 경제적 위기를 해결해주지 않는다.

결국 나 혼자라는 마음가짐

인생은 많은 사람을 만나는 과정이다. 태어나면서 곧바로 맺게 되는 가족이라는 관계부터 학교와 직장 등 사회에서 만나는 사람들까지, 매 순간 만나고 헤어지는 일을 끊임없이 반복하며 살아간다. 그리고 사람이라면 누구나 어떤 일에 있어서든 다른 사람의 도움 없이 살아갈 수 없다. 즉, 우리 모두는 누군가를 돕고 또 누군가의 도움을 받는다.

하지만 돈에 있어서만큼은 누구나 혼자다. 도움을 주는 일도 받는 일도 어렵다. 이 사실을 확실히 깨닫고 마음속 깊이 새길 때 비로소 '나 혼자 마인드'가 생겨난다.

나 혼자 마인드는 돈을 관리하고 자산을 늘리는 기술인 재테크에 있어서 특히 중요하다. 앞서 '돈 관리 능력 테스트'에 나온 열 개의 질문에 대해 '매우 그렇다'와 '그런 편이다'라는 답이 많았다면, 당신은 재테크에 있어서 아직 혼자 무언가를 스스로 해내려는 의지가 무척 약하다고 할 수 있다. 근거 없는 기대를 가지고, 아무런 보장도 없는 미래의 막연한 가능성에 무의식적으로 의존하는 성향일지도 모르겠다. 중요한 사실은 나 혼자 마인드는 얼마든지 가질 수 있다는 것이다. 어떠한 경험이나 자신의 노력 여하에 따라 약해지거나 강해지기도 한다. 남들보다 더욱 강한, 경쟁력 있는 나 혼자 마인드를 갖춘다면 재테크의 성공 여부에 대한 물음표는 느낌표로 바뀔 것이다.

벼랑 끝 절실함이 필요하다

001
목표와 절실함

재테크, 다이어트, 공부에는 두 가지 공통점이 있다. 첫째는 '누구나' 잘하고 싶어 하지만 '모두가' 잘하지는 못한다는 점이고, 둘째는 한두 번 잘한 것만으로는 절대로 성공하지 못한다는 점이다. 그리고 이 세 가지 영역에서 성공한 사람들은 한결같이 강한 인내심을 가지고 있다. 대체 이들의 남다른 인내심은 어디에서 비롯된 것일까?

얼마 전 한 유명 팟캐스트에서 '절약의 아이콘'으로 불리던 개그맨 이 입버릇처럼 하던 말이 있었다.

"절실함이 부족해요!"

우스갯소리처럼 들리지만, 사실 이 말에는 커다란 진리가 숨어 있다. 인내심과 꾸준함의 비밀은 모두 '절실함'에 있다는 사실말이다. 절실함은 목표를 이루고자 하는 강한 열망, 바로 그 열망의 온도다.

반드시 이루고 말겠다는 강한 의지

누구나 살면서 목표 하나쯤은 가지고 있겠지만, 그 목표를 이루고 싶은 마음의 정도는 모두 다르다. 지금도 당신의 마음속에 떠오르는 어떤 목표가 있을 것이다. 하지만 목표가 생각에만 머무는 것이 아니라, 구체적인 방법으로 연결되어 실천하는 단계로까지 이어지는 경우는 그리 많지 않다. 혹은 행동으로 옮기더라도 난관을 만나는 순간 쉽게 포기하는 일이 부지기수다. 이 모든 게 '절실함'이 없기 때문이다. 당신은 자신의 목표에 대해 얼마만큼 절실함을 느끼고 있는가? 당신이 지닌 열망의 온도는 몇 도인가?

'33평짜리 브랜드 아파트에 살고 싶다'라는 목표가 있다고 가정해 보자. 이에 대한 절실함의 정도, 즉 목표에 대한 열망이 표출되는 반응은 사람마다 다르다(30페이지 참고). 그리고 이 반응은 크게 두 가지로 나뉜다. 살고 싶다는 생각을 하는 데 그치거나, 반드시 그 아파트에 살겠다는 목표를 이루기 위해 실제 행동으로 옮기거나로 말이다. 'B 브랜드 외제차를 타고 싶다' '10킬로그램을 빼서 올 여름엔 비키니를 입겠다'와 같은 일상적 목표도 마찬가지다. 어떤 목표에 대해 갖는 열망의 정도는 대개 '긍정 단계' 수준에 그치고 만다. 즉, 생각만 하고 실천하는 경우가 거의 없다는 뜻이다.

사실 엄밀히 말하면 생각의 영역에 머물러 있는 것은 '목표'라고 할 수 없다. 재테크, 다이어트, 공부 등 특정 분야에서 성공을 거둔 사람

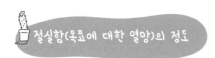
절실함(목표에 대한 열망)의 정도

"33평 브랜드 아파트에 살고 싶다."

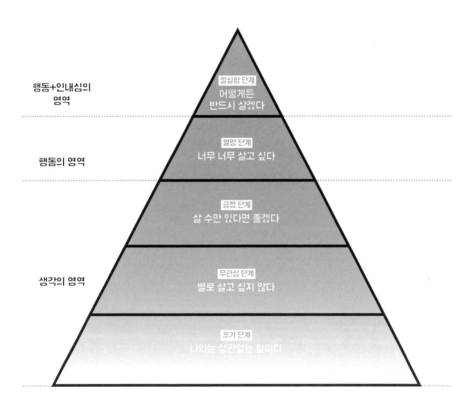

행동+인내심의
영역

절실함 단계
어떻게든
반드시 살겠다

행동의 영역

열망 단계
너무 너무 살고 싶다

긍정 단계
살 수만 있다면 좋겠다

생각의 영역

무관심 단계
별로 살고 싶지 않다

포기 단계
나와는 상관없는 일이다

들을 보면, 생각을 행동으로 옮기는 '열망 단계'를 넘어, 절실함을 가지고 목표를 이룰 때까지 인내한다.

그렇다면 '행동의 영역'에 속하는 '열망 단계'와 '행동+인내심의 영역'에 해당하는 '절실함 단계'에는 어떤 차이가 있을까? 목표를 이루는 과정에서 만나는 장애물을 극복하기 위해 '참고 견뎌내는 인내심'을 갖고 있느냐 아니냐가 다르다. 세상 그 어떤 일도 아무런 장애 없이 쉽게 성취되지 않는다. 필연적으로 장애물이 나타나기 마련이다. 마음 먹고 적금 통장 하나 더 만들려고 하면 큰 지출이 일어나는 경조사가 생기고, 오늘부터 다이어트를 해야겠다 싶으면 뜸했던 회식이 잡히기도 한다. 이런 크고 작은 장애물이 방해하는 상황에서도 목표를 향해 끝까지 나아가는 원동력, 이것이 바로 '절실함'이다.

남과는 다른 나만의 선명한 목표

S건설에 다니는 20년 차 직장인 박희주(44세) 씨는 얼마 전 기나긴 1인 가구 생활을 마감하고 동갑내기 남편을 만나 늦은 결혼을 했다. 결혼 전, 주변 사람들은 그녀를 두고 '골드 싱글'이라고 불렀다. 사실 썩 내키는 별칭은 아니었지만, 골드라는 단어에 담긴 '돈 많고 확실한 경제적 독립을 이루었다'라는 의미 자체는 마음에 들었다.

희주 씨는 현재 연봉 7800만 원을 받는 회사의 간부이지만, 이와는 별개로 재테크에서도 혼자의 힘으로 크게 성공한 사람이다. 거제도의 가난한 시골 마을에서 태어난 그녀는 자신을 뒷바라지하기 어려웠던 부모님의 경제적 상황 탓에 일찍이 중학교 때부터 부산에 있는 큰아버지 집에서 유학 생활을 했다. 요즘 말로 '흙수저' 집안 출신인 그녀의 현재 자산은 놀랍게도 15억 원이 넘는다. 고향을 떠난 지 30년 만에 '골드 싱글'이라는 소리를 듣게 된 배경에는 특별한 비법이 아닌, '경제적 독립이 필요하다'라는 절실한 마음이었다.

일찍부터 시작된 타향살이는 희주 씨에게 경제적 안정과 독립을 하루빨리 이루어야 한다는 강한 의지를 심어주었고, 그녀의 나 혼자 마인드는 20년 전 그렇게 시작되었다. 그녀는 서울로 올라오자마자 '독립 자금 5억 원을 만든다'라는 선명한 목표를 세웠다. 당장 돈을 벌어 쓰는 것이 문제가 아니라, 언젠가 나이가 들고 소득이 끊기더라도 혼자서 아무 문제없이 생활할 수 있어야 '진짜' 경제적 독립을 이룬 것이라고 생각했기 때문이다.

그렇다면 5억 원이라는 구체적인 숫자는 어떻게 정한 것일까? 이는 당시 그녀가 살고 있던 다가구 주택을 염두에 두고 계산한 것이다. 그 주택에는 지상과 지하를 합쳐 총 여섯 가구 외에 주인집이 살고 있었다. 그녀는 훗날 은퇴 후 이런 다가구 주택만 소유하고 있으면 돈 걱정 없이 살 수 있겠다고 생각했다. 그길로 부동산에 물어 건물 가격이 당시 시세로 3억 원에 조금 못 미친다는 사실을 알아냈다. 그 결과 자신이 은퇴할 즈음 예상되는 물가 상승률을 감안해 5억 원이라는 목표를 정했다. 희주 씨는 5억 원을 모으는 날이 자신이 진정한 경제적 독립을 이루는 날이라고 생각했다.

20년이 지난 지금, 그녀는 전세 2억 3000만 원짜리 오피스텔에 거주하고 있으며, 부동산 투자로 마련한 두 채의 소형 아파트를 반전세로 내놓아 매달 꼬박꼬박 월세 수입을 받고 있다. 거기에 얼마 전 임대 사업자 등록까지 마쳤다.

이외에도 5년 전부터 국내 주식에 관심을 갖고 꾸준히 사들여 현재 주식만 3억 원이 넘는 금액을 가지고 있고, 회사 주식과 해외 펀드, 기본 예금을 모두 포함해 총 15억 원의 순 자산을 가지고 있다. 목표로 했던 독립 자금 5억 원보다 무려 세 배나 큰 금액을 모은 셈이다.

신입 사원 시절부터 고액 연봉을 받지 않았다는 사실을 고려했을 때, 그녀가 이처럼 재테크 투자에 필요한 실탄(현금)을 만들기 위해 얼마나 열심히 저축에 매달렸을지 그 과정을 전부 듣지 않아도 충분히 짐작이 갔다. 그녀는 30대 중반부터 4년간 자발적으로 중동의 해외 건설 현장에서 일한 특이한 이력도 가지고 있었다. 해외에 있다 보면 쓸 데가 없어서 돈을 더 많이 모을 수 있을 뿐 아니라, 해외 근무 기간 동안 추가 급여도 받을 수 있어 재테크 자본을 마련하는 데 든든한 밑바탕이 될 것이라 생각했다. 물론 모든 해외 근무자들이 희주 씨와 같은 결과를 얻는 것은 아니다. 그녀에게는 남과 다른, 자신만의 선명한 목표가 있었기에 15억 원이라는 큰돈을 모을 수 있었던 것이다.

절실함이 불러오는 성공의 맛

여기서 중요한 점은 희주 씨의 자산 규모나 재테크 방법이 아니라, 그녀가 생각하고 있는 '경제적 독립'의 개념이다. 일반적인 사람들은 흔히 경제적 독립을 '현재 누군가의 경제적 지원 없이도 생활할 수 있는 상태'라고만 생각한다. 하지만 희주 씨의 생각은 좀 다르다. 현재의 나는 '소득을 계속 만들 수 있는 젊고 건강하며 능력 있는 나'다. 여기서 희주 씨는 훗날 마주하게 될 '소득이 끊기고 건강하지 않은 무능력한 미래의 나'까지도 책임질 수 있어야 진정한 경제적 독립을 이룬 것이라고 생각했다. 경제적 독립을 현재의 시점에서만 바라보는 것이 아니라, 인생 전체 시점으로 확장시켜 바라보는 그녀의 현명함에 놀라지 않을 수 없었다.

> 현재의 경제적 안정 → 불완전한 경제적 독립
>
> **현재와 미래의 경제적 안정 → 완전한(진정한) 경제적 독립**

한 가지 더 놀라운 사실이 있다. 현재 그녀가 가진 주택은 20년 전 받았던 연봉을 단 한 푼도 쓰지 않고 15년 이상 모아야 살 수 있는 집인데, 어떻게 신입 사원 시절부터 그런 집을 사겠다는 목표를 세웠으며, 또 실제 훨씬 더 빠른 시간 안에 그 목표를 이루어냈느냐는 점이다. 사실 희주 씨가 실천한 재테크의 기본 원리는 열심히 저축을 하고 저축해서 만든 목돈을 주식이나 부동산에 투자한, 그야말로 지극히 교과서적이고 평범한 방법이었다. 다만, 그럼에도 그녀가 비범한 성공을 이루어낼 수 있었던 원동력은 '절실함'과 '절실함이 만들어낸 선명한 목표'였다.

이 두 가지 요소는 희주 씨가 목표를 이루는 과정에서 장애물을 만날 때마다 집중력을 유지할 수 있게 해주고, 결정적인 순간마다 과감한 결단력을 발휘하도록 이끌어주었다. 실제로 그녀가 부동산 투자를 시작한 2007년에는 사람들이 이구동성으로 "부동산 시대는 이제 끝났다"라며 투자를 만류한 시절이었다. 또 여유 자금으로 주식에 뛰어든 2014년의 상황도 마찬가지였다.

하지만 그녀는 다른 사람의 말과 투자 방식을 그대로 따르지 않았고, 스스로 생각하고 정보를 찾아 판단했다. 그리고 결국 재테크 성공을 이루었다. 이처럼 절실함은 나 혼자 해내고 말겠다는 단단한 마음가짐을 가진 사람에게만 있는 특별한 힘이다. 절실함이 있는 사람은 무엇을 하든 결국 성공한다. 실패하는 사람은 그 어떤 상황에서도 실패의 핑계를 만들어내지만, 성공하는 사람은 반드시 성공의 이유를 만들어내기 때문이다.

촉이 좋은 사람들의 돈 버는 생각

007
판단력

앞서 말했듯 성공적인 재테크의 기본 조건은 '나 혼자 마인드' '절실함' 그리고 '선명한 목표'를 갖는 것이다. 여기서 더 나아가 재테크를 성공적으로 완성시키기 위해서는 '결단력'과 '자본력'이라는 요인이 필요하다. 결단력이란 평소에 가지고 있던 좋은 생각을 실제 행동으로 옮기는 능력을 말하고, 자본력이란 목돈을 만들어내는 능력을 뜻한다. 아무리 결단력이 있더라도 투자할 현금(자본)이 없으면 무용지물이다. 즉, 성공적인 재테크의 핵심은 결단력과 자본력의 결합인 셈이다.

결단력을 설명하며 언급한 '좋은 생각'에 대해 사람들은 "도대체 어떤 생각이 좋은 생각이냐?"라고 묻는다. 답은 의외로 간단하다. '좋은(성공적인) 결단'을 이끌어내는 생각이 좋은 생각이다.

너무나 많은 현대인이 반복되는 일상 속에서 관성에 이끌리듯 생각 없이 살아가고 있다. 언제 어디서나 스마트폰에만 몰두하고, 뉴스나 SNS, 게임, 동영상 등 세상의 모든 것을 스마트폰으로만 접하려고한다. 그런 사람들을 보면 스마트폰을 통해 무언가를 '읽는다'라기보다, 그저 멍하니 '보고 있다'라고 느껴진다. 스마트폰 안에는 텍스트보다 사진이나 그림이 많아서 화면 속 장면들이 빠르게 흘러간다. 그러니 책이나 신문을 읽는 것에 비해 곰곰이 생각할 여유를 갖기가 어렵다. 스마트폰으로 무언가를 많이 읽는다고 해도 깊게 생각하거나 사색하기가 쉽지 않은 이유가 여기에 있다.

사람들의 평균 독서량이 줄었다고 해서 지식이나 정보의 습득량도 줄어든 것은 아니다. 오히려 책보다 스마트폰을 통해 접하고 받아들이는 정보와 지식의 양이 훨씬 더 많다. 여기서 중요한 것은 정보의 양이 아니라 정보를 활용하여 스스로 생각하는 사고 능력이다. 이 능력이 있어야만 독창적이고 창의적인 생각을 하게 되어 좋은 판단을 내릴 수 있는데, 스마트폰만 들여다보면 늘 남의 생각만 머릿속에 남기기 때문에 결단력을 키우기가 어려운 것이다.

남과 똑같은 생각으로는 성공할 수 없다

앞서 만나본 20년 차 직장인 박희주 씨는 한마디로 '굿 씽커Good Thinker'다. 그녀는 금융위기가 시작되기 1년 전인 2007년, 중동의 건설 현장에 설계 담당자로 해외 근무를 자원했다. 해외 근무를 하면 기본 급여가 높아지는 데다가 고정된 생활비도 거의 들지 않아서, 미혼인 희주 씨에게는 거의 두 배 수준의 급여가 생기는 효과를 기대할 수 있었다. 그녀는 이런 상황을 '절호의 재테크 기회'라고 생각했다. 마침 그동안 모아놓은 저축액도 상당했고 해외 근무 기간 동안 전세 보증금도 필요 없던 터라, 희주 씨는 이참에 대출을 받아 집을 사야겠다는 결심을 했다. 하지만 2007년 당시는 정부가 집값을 잡기 위해 각종 규제를 쏟아낸 바람에 부동산 경기가 꽁꽁 얼어붙던 때였다. 특히 아파트값에 거품이 끼어 급격한 가격 붕괴가 시작되리라 예상되었던 버블세븐Bubble Seven(강남, 서초, 송파, 목동, 분당, 용인, 평촌)의 경우, 투기 과열 지구로 지정되어 대부분 부동산 투자를 꺼려했다.

그러나 희주 씨는 당시 사람들이 부정적으로 봤던 서초구의 25평짜리 아파트를 과감히 샀다. 그녀는 열이면 열 모두가 같은 생각을 하는 모습을 보며 '그게 정말 맞는 생각일까?'라고 의심했다. 그리고 앞으로 펼쳐질 상황에 대해 조금 다르게 생각해봤다(39페이지 참고).

결과론적인 이야기지만, 그녀의 주택 구입은 지금껏 가장 큰 이익을 남긴 투자로 남았다. 공교롭게도 서초구가 지난 10년간 아파트 가격이 가장 많이 오른 지역으로 평가받고 있기 때문이다. 혹자는 그래도 금융위기가 끝난 후인 1년 뒤에 샀으면 좀 더 쌌을 거라고 말하지만, 금융위기 직후에는 부동산 시장이 거의 패닉 상태였기 때문에 아무리 희주 씨라도 쉽게 결단을 내리지 못했을 것이다.

굿 씽커 희주 씨의 생각법

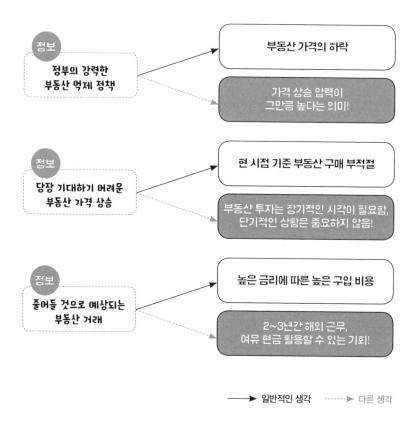

정보
정부의 강력한
부동산 억제 정책

→ 부동산 가격의 하락

⇢ 가격 상승 압력이
그만큼 높다는 의미!

정보
당장 기대하기 어려운
부동산 가격 상승

→ 현 시점 기준 부동산 구매 부적절

⇢ 부동산 투자는 장기적인 시각이 필요함,
단기적인 상황은 중요하지 않음!

정보
줄어들 것으로 예상되는
부동산 거래

→ 높은 금리에 따른 높은 구입 비용

⇢ 2~3년간 해외 근무,
여유 현금 활용할 수 있는 기회!

━━▶ 일반적인 생각   ┈┈▶ 다른 생각

이렇게 쓰고 살아도 괜찮은 걸까?

이처럼 희주 씨가 누구나 망설이는 결정을 기꺼이 주도적으로 해낸 원동력은 바로 그녀의 '독창적인 사고 훈련' 덕분이었다. 그녀는 젊은 시절 자취를 할 때부터 서울의 달동네를 직접 발품 팔아 다녀봤기 때문에 부동산 투자만큼은 나름의 감각이 있다고 믿었다. 또한 경제나 금융 분야를 전공하지 않았지만 건설 회사에서 근무하며 간부가 된 후에는 전 세계의 건설 경기 흐름이나 경영 정보지의 경제 사설을 꾸준히 읽으며 생각하는 연습을 해왔다. 사람들은 흔히 그녀의 남다른 생각을 '타고난 재테크의 촉'이라고 말하지만, 사실 이는 단순한 감각이 아니다. 꾸준히 정보를 읽고 또 스스로 골똘히 생각해보는 사고 훈련의 결과물이다.

남들과 다른 생각을 하기 위한 사고 훈련은 그리 어려운 일이 아니다. 일상생활 속에서 무엇이든 다른 시각으로 접근해 질문하는 습관을 키우면 된다. 한 언론사에서 시작해 이제는 일상 용어가 된 '팩트체크Fact check'를 직접 해보는 것이다. 남들의 의견을 있는 그대로 받아들이기보다는 양파 껍질을 벗기듯 한 걸음씩 더 들어가보면서 자기만의 생각을 키워가는 연습을 한다면, 누구나 좋은 결단력을 가진 굿 씽커가 될 수 있을 것이다.

독특한 예측으로 나만의 기회를 만든다

나는 90년대 후반부터 강남 테헤란로 인근에서 근무를 했다. 가끔 날씨가 좋으면 삼성역에서 강남역까지 걸으며 이런저런 생각을 하곤 했는데, 한번은 거리를 바라보다 문득 '테헤란로 양편에 줄지어 선 고층 건물들은 값이 얼마나 할까?'라는 의문이 생겼다. '조물주보다 높은 분이 건물주'라는 농담이 있듯이, 누구나 빌딩 숲을 지나며 한 번쯤 해본 생각일 것이다. 나는 여기서 한 걸음 더 나아가 '어느 편에 있는 건물을 사는 것이 좋을까?'라는 상상도 해보았다. 즉 '길의 오른편은 삼성동이고 왼편은 대치동과 역삼동인데, 만약 동일한 층과 높이, 면적의 건물이라면 삼성동에 위치한 건물이 비쌀까? 아니면 대치동이나 역삼동의 건물이 비쌀까?'라는 식으로 질문을 해본 것이었다.

걸으면서 유심히 관찰해보니 삼성동 쪽 건물들은 오후 시각이면 유리창에 눈부실 정도로 햇살이 잘 드는 반면, 왼편의 대치동과 역삼동 쪽 건물들은 주변 고층 건물들이 서로 그늘을 만들어 어두컴컴했다. 또 삼성동 라인은 해외 바이어들이 자주 방문하는 코엑스와 아셈타워가 있고, 무엇보다 미리 짐을 부치고 여유 있게 공항으로 출발할 수 있는 도심공항터미널이 자리 잡고 있었다. 같은 조건의 건물이라면 삼성동 라인의 건물이 훨씬 비쌀 것이라는 판단을 쉽게 내릴 수 있었다. 단순한 호기심에서 시작해 가볍게 떠올려본 생각이었는데, 실제로 확인해보니 내 추측이 정확히 맞았다.

남과 다르게 생각하는 훈련은 주변에서 늘 접하는 것에서부터 시작하면 된다. 꼭 부동산, 주식 등의 재테크를 주제로 하지 않아도 괜찮다. 뉴스나 책에서 접한 정보를 있는 그대로 받아들이기보다는 한 번쯤 '왜?'라고 물으며 한 걸음 더 들어가 생각해보는 것이 매우 큰 도움이 된다.

재테크에 성공한 사람들은 모두 훌륭한 씽커다. 그들은 남들이 발견해내지 못한 독특한 예측을 통해 자신만의 특별한 기회를 만들어냈다. 특히 재테크에 있어서 모두가 같은 생각을 하는 정보는 사실상 그 가치를 잃은 것이나 다름없다. 성공적인 재테크를 위한 결단력은 오직 스스로 조금 더 깊이 생각해보는 능력에서 나온다는 사실을 명심하기 바란다.

정말 월급이 적어서 저축을 못하는 걸까?

007
자본력

결단력이란 좋은 생각을 실제 행동으로 옮기는 능력이다. 그리고 재테크를 성공적으로 해내기 위해서는 이러한 결단력과 함께 자본력이 꼭 수반되어야 한다. 자본력은 '목돈을 만드는 능력'을 뜻한다. 돈이란 본디 흩어져 있으면 그 힘이 약하지만, 뭉쳐져서 일정 수준 이상의 목돈이 되면 투자의 좋은 재료가 된다. 아무리 좋은 투자 방법(정보)과 결단력이 있어도, 투자할 재료(현금)가 없으면 무용지물인 셈이다.

실제로 내가 매월 개최하는 세미나에서 사람들에게 설문지를 돌려보면, 주로 관심이 있거나 배워보고 싶은 재테크 분야를 고르라는 질문에 상당수의 사람들이 '부동산'에 체크를 한다. 부동산에 관심을 갖고 공부하여 나름의 수익을 올려보고자 하는 사람들이 생각 이상으로 많다는 뜻이다. 하지만 계획이나 목표를 자세히 물어보면, 정작 그들

대부분은 부동산에 투자할 만큼의 목돈을 가지고 있지 않았다. 그렇다면 지금이라도 목돈을 만들기 위해 열심히 저축을 하고 있어야 하는데, 안타깝게도 그렇지 않은 경우가 태반이었다.

지난 30년 동안 우리나라의 부동산 가격 상승률을 아는 사람이라면 당연히 부동산에 많은 관심을 가질 것이다. 하지만 투자할 금액도 없고 그렇다고 열심히 돈을 모으는 것도 아니면서 그저 부동산에 대한 관심만 가지는 것은 신기루를 쫓는 일에 불과하다. 그렇다면 왜 많은 사람이 투자는 하고 싶어 하면서도 목돈을 만드는 데 필수 조건인 저축에는 소홀한 것일까?

저축을 방해하는 4가지 장애물

나는 지난 10년 동안 매월 진행하는 직장인 월급 관리 세미나를 통해 2600명이 넘는 직장인들을 만나왔다. 그리고 항상 그들에게 "당신의 저축을 방해하는 장애물이 무엇이라고 생각합니까?"라고 물었다. 다양한 대답이 나왔지만 대체로 다음의 네 가지로 요약되었다.

① 소비 통제의 어려움
꼭 써야만 하는 기본 생활비 지출이 있고, 사고 싶은 물건을 할인이나 할부로 구매해 소비가 계속 늘어난다.

② 당장의 적은 월급

월급이 늘어나면 저축을 늘릴 수 있겠지만 당장은 월급이 너무 적다.

③ 낮은 금리

금리가 너무 낮아서 저축을 해도 목돈이 눈에 띌 만큼 불어나지 않는다.

④ 동기 및 판단력의 부재

뚜렷한 경제적인 목표가 없어서 저축에 대한 동기가 부족하고, 투자에 대한 판단이 어렵다.

답변의 가장 많은 비중을 차지한 ①, ②번은 사실 질문 자체가 무의미할 정도로 허무한 답이다. 물론 개개인의 자세한 사정을 들어보면 아예 틀린 말도 아니다. 하지만 그들이 분명 착각하고 있는 지점이 있다. 절대 소비가 통제되지 않아서 저축을 못하는 것이 아니라, 저축을 하지 않기 때문에 소비가 통제되지 않는다는 점이다.

어떤 상황에서도 돈을 잘 모으는 굿 세이버Good Saver들이 꾸준히 저축하고 목돈을 만들 수 이유는 바로 '선先 저축'을 하고 있기 때문이다. 목표 금액을 먼저 저축한 후에 남은 돈으로 소비를 해야만 목돈을 모을 수 있다. 이것이 '선 저축의 법칙'이다. 소비를 줄여서 저축한다는 것은 애초에 불가능하다. 즉, 선先(우선) 저축이 선善(좋은) 저축으로 이어지는 것이다.

대부분의 직장인들이 "나중에 월급이 많이 오르면 저축할 만큼의 여윳돈이 생기겠지만 지금 당장은 쉽지 않아요"라고 말한다. 그러나 단언컨대 월급이 적어서 저축을 하지 못한다면, 나중에 월급이 올라도 저축을 하지 못할 가능성이 크다. 월급이 오르는 만큼 소비는 더 빨리 늘어나기 때문이다. 따라서 저축은 월급이 적을 때부터 높은 저축률로 시작해야 한다.

"저축도 다 때가 있다"라는 말처럼, 저축에 집중해서 목돈을 만들 수 있는 시기는 소득이 높은 때가 아니다. 결혼을 한 사람이라면 약 15년 정도가 전부다. 이를 흔히 '저축의 골든타임 법칙'이라고 말한다. 내가 실제로 수많은 사례를 관찰하고, 통계를 통해 확인한 사실이다. 결혼을 하고 자녀가 중·고등학교에 갈 즈음인 결혼 15년 차가 되면 저축을 거의(아예) 하지 못한다.

평생 1인 가구로 생활한다고 해도 대략 45세 즈음부터는 저축에 전혀 엄두를 낼 수 없다. 이러한 사실은 소득의 높고 낮음과는 완전히 무관하다. 월급이 300만 원이든 2000만 원이든 누구나 다 똑같다. 오히려 고소득자의 경우 품위 유지비가 상대적으로 높고, 대개 자녀를 해외로 유학 보내며, 여행을 자주 다니기 때문에 기본 생활비 지출이 매우 높은 편이다.

낮은 금리를 탓할 때가 아니다

저축을 못하는 세 번째 평계는 '낮은 은행 금리'다. 이 역시 그럴듯하게 들린다. 실제로 낮은 이자율은 저축에 대한 의지를 약하게 만드는 요인이기는 하다. 하지만 아직까지 목돈을 모으지 못한 사람, 특히 사회초년생의 경우 이자율이 낮다는 이유로 저축을 소홀히 하면 반드시 심각한 문제를 마주하게 될 것이다.

먼저 낮은 이자율이 실제로 목돈을 만드는 데 얼마나 불리한 작용을 하는지 눈으로 확인해보자. 약 20년 전인 1999년과 2018년 각각의 평균 수신금리(은행에 예금할 때 적용되는 금리), 3년 기준 적금과 예금의 원리금을 비교해보면 다음과 같다.

구분	1999년	2018년
이자율(평균 수신금리)	6.2%	1.8%
월 100만 원·3년 적금 원리금	약 3900만 원	약 3685만 원
1000만 원·3년 예금 원리금	약 1167만 원	약 1046만 원

(평균 연 복리·이자 소득세 15.4% 적용, 세후 금액 기준)

1999년에는 매월 100만 원씩 3년간 적금을 부으면 만기 시 세후 이자로 약 300만 원을 받았다. 이 금액은 2018년에 비해 215만 원

(5.9%)이나 더 많은 금액이다. 그다음으로 1000만 원을 3년 동안 통장에 예금으로 넣어둘 경우, 지금보다 121만 원(11.5%)을 더 받을 수 있었다. 하지만 이러한 사실들이 저축을 하지 않는(못하는) 핑계로는 타당하지 않다. 아무리 이자율이 낮아도 원금에 비해 더 많은 돈을 얻을 수 있기 때문이다.

굿 세이버들에게는 오히려 낮아진 이자율이 저축에 더 집중할 수 있는 계기가 된다. 만약 1999년에 받을 수 있는 3년 적금 만기 금액을 원한다면, 매월 100만 원에 5만 8259원을 더해서 105만 8259원을 부으면 된다. 이자율이 낮아서 저축할 마음이 생기지 않는다는 말은 그야말로 핑계를 대기 위한 핑계에 불과하다.

마지막으로 목돈이 있어도 어디에 투자해야 할지 잘 몰라서 굳이 저축을 해야 할 필요를 못 느낀다는 답변이 있다. 이는 뚜렷한 목표가 없기 때문이다. 이런 유형의 사람들은 저축을 망설이거나, 저축을 하더라도 모은 돈을 생각지도 않은 소비에 흘려 써버리는 경우가 많다. 아주 선명한 목표를 세우고 있는 굿 세이버들은 다르다. 목표를 꼭 이루고 말겠다는 절실함 덕분에 자연히 소득 대비 많은 금액을 지속적으로 저축한다. 목표 없이 막연한 불안함에 억지로 하는 저축은 쓰는 시기만 지연될 뿐, 결국 의미 없이 다 쓰게 된다. 모아서 쓰고 다시 또 모아서 써버리면, 결국 습관으로 굳어진다. 저축에 명확한 목적을 정해놓지 않으면, 자신도 모르는 새에 애써 모은 돈이 소비의 제물로 전락하게 될 것이다.

만약 우리의 소득이 죽을 때까지 100% 보장된다면 어떤 일이 벌어질까? 저축도, 재테크에 대한 고민도 아무런 필요가 없을 것이다. 그저 매달 들어오는 소득 안에서 마음껏 소비하면 그만이다.

하지만 언젠가는 반드시 소득이 끊기는 날은 찾아올 것이다. 현재의 소득을 미래의 자신을 위해 상당 부분 양보해야 하는 이유는 바로 이것이다. 그래서 굿 세이버들은 저축을 방해하는 네 가지 장애물을 오히려 저축을 꼭 해야 하는 이유로 생각한다. 그렇다면 당신은 이 네 가지를 실패의 핑계로 만들 것인가, 아니면 성공의 이유로 만들 것인가?

현재를 즐기다 미래가 위험하다

001
소득과 지출

'욜로'라는 말에는 '미래를 낙관할 수 없는 상황에서 나중보다는 현재의 즐거움과 가치에 집중한다'라는 의미가 담겨 있다. 경제적 불황이 계속되면서 삶에 뚜렷한 목표를 잃어버린 사람들이 '나 혼자 지금 이 순간을 즐기겠다'라는 욕구를 강하게 표출하기 시작한 것이다. '즐긴다'는 욕구는 대개 보고, 느끼고, 소유하는 것, 이 세 가지의 영역으로 표출되는데, 그래서인지 유독 우리나라에서는 욜로라는 말이 '유흥'과 '소비'라는 의미로 잘못 해석되어 알려져 있는 것 같다.

G바이오테크에 다니는 8년 차 직장인 김예림(미혼 · 32세) 씨는 주변 사람들에게 '비혼非婚'을 선언했다. 그녀의 표현을 빌리자면, "결혼하지 않겠다는 결심이 흔들리지 않기 위해서"였다. 그녀는 몇 년 전 이런 결심을 한 뒤, 삶의 많은 부분이 달라졌다고 했다. 자신에게 좀 더

집중할 수 있게 되었고, 그 누구에게도 구애받지 않아도 된다는 생각에 자유를 느끼게 되었다. 유독 여행을 좋아하는 그녀는 직장에 다닌 8년 동안 웬만한 세계 유명 관광지는 거의 다 가봤다. 얼마 전 처음으로 혼자 떠난 유럽 여행은 특히 인상적이었다. 모두가 부러워할 만한 욜로 라이프를 마음껏 만끽하며 살고 있다.

그런 예림 씨에게 최근 한 가지 고민이 생겼다. 주말 동안 일본에 다녀올 마음으로 오른 비행기 안에서 문득 '내가 여행에 너무 많은 돈을 쓰고 있는 건 아닐까?' 하는 생각이 든 것이다. 이 찜찜한 생각은 일본에 머무는 3일 내내 그녀의 머릿속을 어지럽혔다. 귀국 후에도 왜 문득 떠오른 생각 때문에 여행을 망쳤는지 곰곰이 고민해보았지만, 딱히 그 이유가 떠오르지 않았다. 나는 이 이야기를 들으며 이제야 비로소 그녀에게도 '돈 관리'에 대한 고민이 찾아왔음을 알 수 있었다.

실제로 그녀는 반전세로 거주하면서 계속 오르는 월세값 때문에 하루빨리 전셋집으로 옮겨야겠다는 목표를 세웠지만, 몇 년이 지나도록 좀처럼 돈을 모으지 못했다. 물론 남들보다 여행을 많이 다니기는 했지만, 즉흥적으로 떠나거나 비용이 많이 드는 여행지를 다니지는 않았다. 몇 달 전부터 각종 여행 사이트나 포털 사이트를 통해 수많은 정보를 검색하여 저렴한 항공권과 숙소를 찾았고, 각종 할인 이벤트를 총동원하여 가능한 한 최소한의 비용만 들이는 편이었다. 그럼에도 불구하고 1년에 네다섯 번씩이나 되는 해외여행에 쓰는 돈이 과하다는 염려가 점점 커진 것이다.

버는 돈과 쓰는 돈을 정확히 모르는 묻지마 욜로

예림 씨는 고향인 대구에서 상경해 현재는 판교에서 월세 65만 원짜리 오피스텔에 살고 있다. 비슷한 연령대의 직장인들이 받는 평균 연봉보다 비교적 높은 수준인 5500만 원의 연 소득이 있지만, 오피스텔 보증금 5000만 원과 엄마에게 빌려준 2000만 원이 그녀의 전 재산이었다. 여기에 더해 여행 중에 현금 흐름이 꼬일 때를 대비해 만든 마이너스 통장에 500만 원 상당의 빚이 있었다. 상대적으로 높은 연봉을 받는 8년 차 직장인 예림 씨가 순 자산이 6000만 원뿐이라니, 다소 의아할 수밖에 없었다.

보통 사람들은 돈을 관리할 때 '한 달 단위'로 생각한다. 통장 밖으로 빠져나가는 돈Output(돈의 유출), 다시 말해 소비액이나 저축액 등을 전부 월 단위로 계산한다. 반면, 밖에서 통장으로 들어오는 돈Input(돈의 유입)은 매월 일정하게 들어오는 소득 외에 비정기적인 요소가 있다. 여기서 생기는 불일치가 자신도 모르게 새어나가는 돈을 만들어낸다.

소득(돈의 유입·월 단위 개념 아님) ≠ **지출**(돈의 유출·월 단위 개념)

불일치

먼저 예림 씨의 매월 현금 흐름을 파악해보았다(53페이지 참고). 다음

김에림 씨의 월 현금 흐름 내역

월 정기 소득 350만 원(세후) + 연간 평균 상여금 1200만 원(세후)
= 월 평균 소득 450만 원

저축 내용

여행 적금 ①: 20만 원
여행 적금 ②: 10만 원
청약저축: 20만 원
개인연금: 34만 원
펀드: 10만 원
실손보험: 5만 원

합계: 94만 원

(보험 제외)

소비 내용

월세(관리비 포함):   75만 원
교통통신비: 20만 원
요가 학원비: 15만 원
모임 회비: 20만 원
부모님 용돈: 10만 원
식비(외식 포함):   50만 원
쇼핑비: 30만 원
문화생활비: 10만 원

합계: 230만 원

월 평균 잉여자금 : 126만 원(450만 원-94만 원-230만 원)

저축과 소비를 제외하고 남는 돈

의 표를 보면, 돈이 잘 모이지 않는다고 하소연하는 사람들에게서 흔히 나타나는 전형적인 특징이 보인다.

첫째, 자신이 받는 월급의 액수와 매달 어디에 얼마를 쓰는지 정확히 모른다. 예림 씨의 경우 정기적인 소득은 매월 350만 원으로 정해져 있지만, 매년 1월과 7월에 나오는 별도의 보너스와 두 번의 명절 상여금을 정확히 알지 못했다. 그래서 예림 씨는 350만 원을 기준으로 소비액과 저축액을 정했다. 하지만 아무리 보너스 금액의 변동이 크다고 하더라도, 평균치를 적용해 따져보면 그녀의 연간 월 평균 소득은 약 450만 원이나 된다. 그럼에도 예림 씨는 항상 350만 원을 기준으로 잘못 삼았던 것이다. 우선은 자신의 연간 월 평균 소득을 정확히 알아야 한다.

둘째, 정기적인 소득인 월급에 갇혀 매우 소극적인 저축을 한다. 예림 씨의 경우 총 94만 원을 저축한다고 하지만, 보험과 개인연금을 제외하면 정기 소득의 불과 11% 정도만을 저축하는 셈이다. 심지어 그중 일부는 여행에 사용된다. 매월 발생하는 잉여자금을 저축하기에는 지출에 따라 달라지는 변동 금액이 크기 때문에, 현금 흐름을 정확하게 파악하고 관리하기가 어려운 구조다.

셋째, 매월 통장을 떠도는 잉여자금이 매우 과다한 편이다. 예림 씨의 현금 흐름을 연 평균으로 계산해보면 매월 450만 원의 소득이 생기는데, 이때 저축(94만 원)과 소비(230만 원)를 제외하면 매월 약 126만 원 정도의 사용 용도가 불분명한 잉여자금이 발생한다. 무려 소득의

28%에 해당하는 큰 금액이다. 이러한 잉여자금은 상당수가 쓸데없는 지출로 이어지기 마련이다.

현재를 즐기느라 등한시하는 미래

'당신의 인생은 오직 한 번뿐이다'라는 욜로의 진짜 의미는 '삶에 대해 좀 더 진지한 태도를 가지고 내 삶의 질을 높이라'는 뜻이다. 단순히 '돈을 펑펑 쓰면서 현재를 즐겨라'라는 의미가 아닌 것이다.

예림 씨는 그동안 자신이 여행에 너무 많은 돈을 썼다는 결론을 내렸다. 물론 젊은 시절에 여행을 다니며 많은 경험을 해보고 아름다운 추억을 쌓는 일은 미래를 위한 준비만큼이나 가치 있는 일이다. 다만, 여행이 자신도 모르는 사이에 주머니 사정을 홀쭉하게 만드는 주요 원인으로 전락하는 일이 없도록, 성숙한 욜로 라이프를 즐기는 법에 대해 고민해볼 필요가 있다.

그렇다면 어떻게 해야 성숙하게 욜로 라이프를 즐길 수 있을까? 지금처럼 먹고 놀고 사는 데에 돈을 다 써버리고 난 뒤 나중에서야 후회하지 말고, 1년 동안의 욜로 예산을 정해서 그 한도 내에서 쓰기를 추천한다. 1년 중 온전히 나 자신의 심신을 회복시키는 데에 필요한 예산을 가리켜 '오아시스 자금'이라고 부른다. 오아시스 자금은 연 소득의 10% 이내로 예산을 잡는 편이 좋다. 또 문화생활이나 자기계발을 위한 예산의 경우, 연 소득의 5%에 해당하는 금액 안에서 사용해야 한다.

일단 무엇보다도 '반드시 돈을 많이 써야 인생을 즐길 수 있다'라는 고정관념부터 버리자. 꼭 소비를 하지 않아도 얼마든지 하루하루를 즐길 수 있는 방법은 많다. 일주일에 두세 시간을 투자해 삶의 질을 높이는 활동을 해봐도 좋다. 재미있게 꾸준히 배울 수 있는 취미활동이 생기면 굳이 장거리 여행이나 특별한 이벤트가 아니더라도 얼마든지 욜로 라이프를 누릴 수 있다.

나의 욜로 라이프 점검하기

1. 최근 1년간 여행에 사용한 총 비용은 얼마인가? .... 원

2. 최근 1년간 특별한 이벤트에 사용한 총 비용(일상적으로 사용하는 평균 예산을 초과하는 비용만 해당되며, 특별한 이유로 사용한 쇼핑, 외식, 행사 비용)은 얼마인가?
.... 원

3. 최근 1년간 문화생활에 사용한 총 비용은 얼마인가? .... 원

4. 최근 1년간 자기계발(학습, 체험)에 사용한 총 비용은 얼마인가?
.... 원

5. 최근 1년간 욜로 비용(1~4번 합계)은 얼마인가? .... 원

6. 위의 욜로 비용은 연 소득의 몇 %(욜로 비용÷연 소득)를 차지하는가?

	① 30% 이상	② 20% 이상	③ 10% 이상	④ 10% 미만
소비지향적 성향	매우 높음	높음	약간 높음	보통

7. 최근 1년간 오아시스 비용(1~2번 합계)은 얼마인가? .... 원

8. 오아시스 비용은 욜로 비용의 몇 %(오아시스 비용÷욜로 비용)를 차지하는가?

	① 80% 이상	② 70% 이상	③ 60% 이상	④ 50% 미만
소비지향적 성향	매우 높음	높음	보통	낮음

돈에서만큼은 조금 이기적이어도 괜찮다

007
소비 목적

김승현(미혼·31세) 씨는 대학 졸업 후 3년간의 취업준비생 시절을 끝내고, 얼마 전 J정밀산업에 취업했다. 적지 않은 나이에 지방에서 서울로 올라온 그는 오랜 준비 끝에 취직을 하게 되어 큰 성취감을 느꼈다. 가족과 주변 사람들 모두 자기 일처럼 기뻐해주었고, 그동안 뒷바라지해주신 부모님과 할머니, 응원과 격려를 아끼지 않았던 주위 사람들에게 감사 인사차 한턱을 쏘느라 거의 세 달치 월급을 다 썼다. 입사 6개월이 지난 지금 서울권 대학을 다니는 동생과 함께 원룸에서 생활하고 있는데, 얼마 전 통장을 들여다보다 문득 이런 의문이 들었다.

'아무리 월급이 적은 신입사원이지만 이렇게 돈이 남질 않아서야 언제 돈을 모아 결혼하고 집 사고 남들처럼 생활을 할 수 있는 거지?'

승현 씨의 재정 상황을 살펴보니 다음과 같았다(59페이지 참고).

김승현 씨의 월 현금 흐름 내역

월 정기 소득 295만 원(세후) + 연간 평균 상여금 450만 원(예상)
= 월 평균 소득 332만 원(세후)

저축 내용

정기적금 ①:	20만 원
정기적금 ②:	15만 원
청약저축:	2만 원
펀드:	15만 원
실손보험:	11만 원
어머니 보험:	12만 원
합계:	75만 원

소비 내용

월세(관리비 포함):	45만 원
교통통신비:	15만 원
일본어 학원비:	15만 원
식비(외식 포함):	35만 원
쇼핑비:	20만 원
문화생활비:	10만 원
부모님, 할머니 용돈:	50만 원
동생 용돈:	10만 원
합계:	200만 원

월 평균 잉여자금: 20만 원 (향후 상여금을 받는다고 가정했을 시, 월 잉여자금 약 57만 원 예상)

승현 씨는 돈을 흥청망청 쓰는 편도 아니었지만, 그렇다고 해서 저축을 많이 하는 스타일도 아니었다. 그의 돈 관리에 진짜 문제는 무엇일까? 월 소비 금액 200만 원 중 그가 자신만을 위해 쓰는 금액은 고정비와 변동 지출을 추산하여 모두 95만 원이다. 200만 원의 절반이 채 안 되는 금액이다. 그에 비해 가족들에게 나가는 돈이 60만 원이나 됐다. 할머니를 모시고 있는 부모님의 경제적 상황이 빠듯하기는 했지만, 그렇다고 생활비를 꼭 보태드려야 하는 수준까지는 아니었다.

뿐만 아니라 그는 어머니의 보험료까지 자신의 통장에서 자동이체로 납부하고 있었고, 정기적금으로 들고 있는 계좌 중 하나는 할머니의 팔순을 기념하기 위한 것이었다. 속 깊은 그의 마음씨가 참 예뻤지만, 경제적으로는 우려될 수밖에 없는 상황이었다. 월급의 현금 흐름은 일단 한번 정해지면, 웬만해서는 변하지 않는다는 점 때문이었다.

취업 후 거하게 한턱 쏘는 일이야 어쩌다 생긴다지만, 가족을 위한 용돈이나 보험료 같이 정기적으로 발생하는 고정지출은 누적되는 비용을 한번 따져보아야 한다. 승현 씨의 경우 어머니 보험과 가족 용돈을 합치면 1년에 864만 원이고, 10년이면 8640만 원이라는 큰 금액이 된다. 따라서 가족을 위해 꼭 돈을 쓰고자 한다면 당장의 금액만 보고 쉽게 판단하기보다는 신중하게 설정하는 것이 좋다. 특히 평생 드리겠다고 생각하고 있다면 소득의 5% 이내가 바람직하다.

몇 년 전 라디오에 '기부 천사'로 유명한 한 연예인이 출연했다. '수입의 거의 대부분을 기부하는 것 아니냐?'는 소리를 들을 정도였던 그가 뜻밖의 이야기를 꺼냈다. 얼마 전 자신의 노후를 위해 아주 큰 금액의 개인연금을 들었다는 말이었다. 이런 결정을 하게 된 계기는 어느 토크 콘서트에 출연했다가 "기부는 많이 하는데 정작 자신을 위한 저축은 없군요."라고 자신을 호되게 꾸짖은 교수 때문이라고 했다.

"많은 기부 활동은 마땅히 칭찬받을 일이지만 자신의 미래를 위해서도 반드시 투자하세요! 아무리 지금 인기가 많고 돈도 잘 번다고 해도 언젠가는 힘들어지는 때가 올 수 있습니다. 그때 세상 사람들은 당신이 젊은 날 너무 많은 기부를 해서 어려워졌다고 생각할 것입니다. 그렇다면 당신이 한 기부의 선한 영향력은 힘을 잃을지도 모릅니다. 하지만 당신이 많은 기부를 했음에도 나중에 잘사는 모습을 보여준다면, 사람들은 당신을 보고 배워서 주변을 돕고 나누는 기부 행위에 더 많이 참여하게 될 것입니다. 당신이 이처럼 자신을 챙기지 않는다면 기부는 한때의 미담이 될 수는 있어도 귀감이 되지는 못할 것입니다. 먼저 자신을 사랑할 줄 알아야 남도 도울 수 있는 법입니다."

이 이야기를 듣는 내내 절로 고개가 끄덕여졌다. 가족과 주변을 위하는 마음은 물론 박수 받아야 할 만큼 훌륭한 일이지만, 자신의 미래를 생각한다면 좀 더 지혜로운 접근이 필요하다. 자신 이외의 사람들에게 너무 인색하게 구는 것도 문제이지만, 돈을 번다고 모든 사람을 다 챙기려는 선심 또한 문제가 아닐 수 없다. 돈에 있어서만큼은 조금 이기적이어도 된다. 자신을 위해 건설적인 에고이스트Egoist가 되자.

2장

오늘부터
돈과 친해지기로 했다

스스로 생각하는 습관 기르는 법

생각의 자립

한동안 "좋은 땅이 있으니 투자하세요"라는 전화가 여러 차례 걸려 왔다. 나는 시큰둥하게 전화를 끊으며 '정말 좋은 땅이라면 왜 알지도 못하는 나한테까지 전화를 했을까?'라고 생각했다. 또 실제로 그런 연락에 속아 가치 없는 땅에 투자를 해 손해 본 사람들을 심심치 않게 보기도 했다. 이처럼 누구나 한 번쯤 "너한테만 알려주는 건데……"라는 말로 시작하는 주식, 부동산 정보를 접해본 적 있을 것이다. 물론 그런 정보의 대부분은 이미 수만 명 이상이 알고 있을 가능성이 높다.

경제·금융에 대한 정보는 "어느 식당에 무슨 음식이 맛있다더라"라는 식의 정보와는 성격이 전혀 다르다. 땅이나 주식 같은 자산은 맛집의 음식이나 할인 서비스처럼 끊임없이 생산되고 유지되는 것이 아니기 때문이다. 말 그대로 정보의 가치가 '유한'하다. 사람들 사이에 이미 판단이 끝난 결과를 투자 정보로써 받아들이면 안 되는 이유가 바로 여기에 있다. 경제·금융 정보를 받아들이고 활용할 때는 직접 공부하고 검증하며 스스로 생각하는 힘을 키워야만 재테크에 성공할 수 있다.

최근에는 사람들이 자신의 전문 분야에만 깊숙이 몰두하면서, 다른 분야에 대한 시각이 좁아지고 이해도가 떨어지는 '터널 비전Tunnel Vision' 현상이 두드러지게 나타나고 있다. 특히 경제·금융에 대해 지나치게 무관심하고 기본 지식이 부족한 '금융맹金融盲'들이 많아졌다. 재테크에 성공하기 위해서는 경제·금융에 대한 기본 지식은 물론이고, 남과 다른 독특하고 창의적 시각으로 무장되어 있어야 한다. 각자 자신의 경제적 상황에 맞는 판단이 필요한 것이지, 대중적이고 일반적인 정보에 의존한 판단은 아무런 효과를 발휘하지 못하기 때문이다.

경제 전문가의 예측이 틀리는 이유

이런 맥락에서 살펴보면 경제 전문가나 경제학자들이 쏟아내는 예측이 왜 잘 맞지 않는지 그 이유를 크게 두 가지로 볼 수 있다. 첫째, 일반적인 정보와 이론만을 활용한 결론이기 때문이다. 경제학자는 "금리가 오르면 경기가 나빠지고 부동산 가격이 하락하며 환율이 올라갈 것이다"라는 식의 교과서적이고 일반화된 예측을 내놓을 수밖에 없다. 하지만 경제는 사회과학 영역이다. 사회 현상은 마치 살아 있는 생물과 같아서, '1+1=2'라는 답이 나오는 자연과학과는 성격이 매우 다르다. 언제든지 상황에 따라 다양한 답이 나올 수 있다는 뜻이다. 따라서 일반화된 공식을 사용해 근거를 대는 경제 전문가와 경제학자의 예측이 틀리는 경우가 많을 수밖에 없다.

둘째, 시장이 예상 정보를 매우 빨리 반영하는 속성을 지니고 있기 때문이다. "금리가 오르면 주가가 떨어진다"라는 예측이 나왔음에도 금리 인상이 발표된 날에 주가가 오히려 오르는 것은 금리 인상의 정보가 이미 주가가 반영되었기 때문에 당장 영향을 미치지 않는 것이다. 예컨대 2008년 금융위기 이후 미국의 중앙은행은 극단적인 저금리정책으로써 천문학적인 달러(화폐)를 푸는 경기부양정책을 실시했다. 그 규모는 5년간 4조 5000억 달러로, 원화로는 자그마치 5000조 원에 가까운 막대한 양이었다.

많은 경제 전문가는 이처럼 엄청난 양의 화폐가 풀리면 달러의 가치가 급락할 것이라고 예상했다. 하지만 양적완화정책이 유지되는 기간 동안 달러화의 급락은 일어나지 않았다. 오히려 2010년 유럽의 재정위기가 발생하면서, 2011년 이후에는 달러가 강해지는 현상까지 나타났다. 시장이 경제학자들의 예측과는 정반대로 움직인 것이다. 미국의 금융위기는 세계 경제 전체의 위기로 인식되어, 상대적으로 안전자산이라 평가받는 달러에 대한 수요가 오히려 더욱 늘어난 결과를 보인 것이다.

2013년 11월, 미국은 양적완화정책을 종료하겠다고 선언했다. 그동안 마이너스에 가까웠던 저금리정책을 끝내고, 풀렸던 달러화를 다시 거둬들이는 정책을 발표한 것이다. 이번에는 경제학자들 모두 경제가 급격히 어려워지고 달러화가 강해질 것이라고 예측했다. 자산시장에서는 이런 예측에 따라 달러를 사두어야 한다는 의견이 쏟아졌다. 하지만 이번에도 경제학자들의 예측은 또다시 빗나갔다. 달러화는 최근 여러 요인으로 강해지고 있지만 당시에는 예상과 달리 오히려 약세로 돌아서기까지 했다.

결국 답은 생각의 자립에 있다

이런 말을 들으면 '경제학자들의 예측도 빗나가기 일쑤인데 전문가도 아닌 내가 하는 예측이 무슨 의미가 있을까?'라고 의구심을 품을 수 있다. 하지만 다시 강조해 말하건대, 경제는 정해진 답이 없다. 오히려 스스로의 상황과 자산 규모를 가장 잘 아는 자기 자신이 직접 따지고 생각하여 판단한 예측이 본인에게 더 적합하면서도 유용한 경제적 판단이 될 수 있다. 그리고 이때 필요한 능력이 바로 '생각의 자립'이다.

생각의 자립은 경제·금융·재테크에 관한 정보를 얻었을 때, 그 정보를 스스로 해석하고 생각해 판단을 내리는 능력을 말한다. 스마트폰이 보급된 시대를 살고 있는 현대인들은 대중적으로 일반화된 정보만을 마치 진리처럼 받아들인다. 그래서 자신만의 생각과 의견이 전혀 없다. 대중의 정보나 타인을 통해 전해 들은 이야기는 그와 같은 판단을 내린 사람들이 한 생각의 결과일 뿐, 나를 위한 재테크 정보로써는 아무런 가치가 없다. 따라서 고정관념을 뿌리치고 자기 자신이 직접 더 깊게 생각해보는 습관을 갖춰야 재테크에 성공할 수 있다.

생각의 자립 = 정보를 스스로 해석하는 능력 + 생각하는 습관

생각의 자립을 이루기 위해서는 무엇을 해야 할까? 경제·금융을 잘 모르는 초보자도 쉽게 해볼 수 있는 세 가지 훈련법이 있다. 바로 '하루에 한 번 경제 기사 읽기' '매일 변하는 3대 경제 지표(금리, 환율, 주가) 메모하기' '자산(주식, 부동산 등) 가치 변화 관찰하기'다. 3개월 동안 이 세 가지 방법을 꾸준히 실천한다면 혼자서도 경제·금융에 관한 판단과 예측을 충분히 내릴 수 있을 것이다.

하루에 한 번 경제 기사 읽기

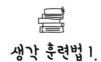

생각 훈련법 1.

하루에 하나씩 경제 기사를 읽고 생각해보는 습관을 들이면 지금 껏 몰랐던 새로운 정보를 많이 접하게 되어 재테크를 할 때 폭넓은 경 험을 해볼 수 있게 된다. 아래는 경제 기사를 더 효율적으로 읽기 위한 네 가지 실전 지침이다.

1단계	읽기	내용을 몰라도 무조건 읽는다
2단계	찾기	모르는 용어가 나오면 의미를 검색해본다
3단계	생각하기	기사가 전달하고자 하는 결론이 무엇인지, 정보가 옳고 그른지를 생각해본다
4단계	적용하기	내용에 나온 현상과 원리를 다른 문제에도 적용해보고, 그 영향력을 경험해본다

평소에 경제 기사를 자주 접해보지 않은 사람이라면 처음부터 이 네 가지를 전부 실천하며 읽기가 쉽지 않을 것이다. 그래서 3단계로 나누어 차근차근 연습해보는 것이 좋다.

먼저 1단계로 처음 한 달 정도는 '읽고' '찾는' 연습만 꾸준히 해본다. 처음 경제 기사를 읽으면 모르는 용어들이 수없이 나오고 이해되지 않는 문장도 많아서 전혀 흥미를 느끼지 못할 수도 있다. 그러니 한꺼번에 너무 많은 기사를 읽는 것은 금물이다. 이 시기는 흥미를 유지하는 것이 목적이므로 하루에 한 개씩만 꾸준히 읽어보자.

이때 중요한 것은 이해되지 않더라도 무조건 읽어 내려가는 것이다. 모르는 용어는 그때그때 인터넷으로 뜻을 검색해보아도 좋다. 꾸준히 접하다 보면 어느 순간에는 하나부터 열까지 모든 용어를 찾아보지 않아도, 문맥을 통해 자연히 의미를 터득할 수 있게 된다.

한 달이 지나고 1단계 읽기법에 익숙해지면, 조금 더 심화된 단계인 2단계 읽기법에 돌입해보자. 읽고 찾는 수준에서 넘어와 '생각하는 활동'까지 더해지면, 그전에 보이지 않았던 내용들이 조금씩 눈에 들어오는 재미를 느끼게 될 것이다. 다만, 마찬가지로 이때도 욕심을 내어 읽는 양을 늘리지 않도록 주의해야 한다.

그리고 마지막 3단계는 기사에 나온 현상과 원리를 내 삶과 일상에 직접 적용해보면서 어떤 영향이 생기는지를 경험해보는 것이다.

다음에 제시된 기사문을 보면서 지금까지 알아본 3단계 읽기법을 연습해보자(72페이지 참고).

한국 금리 인상·일본 양적완화 고수… 원·엔 환율 100엔당 952원 '2년 만에 최저' 원·달러 환율은 1,070원대로 하락

원·엔 환율이 가파르게 떨어지고 있다(엔화 대비 원화 강세). 22일에 원·엔 환율(오후 3시 30분 기준)은 100엔당 952원 41전으로 마감했다. 전일(954원 72전)보다 2원 31전 하락했다. 2015년 12월 7일(947원 60전) 이후 2년 만에 최저치다. 엔화 약세는 아베노믹스(아베 신조 일본 총리의 경제 정책)의 영향이 크다. 아베 정부는 미국·유럽 등 선진국과 달리 양적완화를 고수하고 있다. 경기 회복세를 유지하려는 명분에서다.

한국은행이 지난달 말 6년 5개월 만에 통화정책 방향을 '긴축'으로 틀어 연 1.25%였던 기준금리를 연 1.5%로 올렸지만 일본은행은 전날 금리를 연 −0.1%로 동결하고 완화적 통화정책을 유지키로 했다. 이 때문에 원화 강세, 엔화 약세가 두드러지는 모양새다.

엔저(低)는 국내 수출 기업에 부담 요인이다. 세계 시장에서 일본 기업들과 경쟁하는 조선·석유화학·철강·배터리 등 국내 기업의 주력 수출 품목이 가격 경쟁력에서 상대적으로 열세에 놓이기 때문이다. 업계 한 관계자는 "여전히 일본의 주력 품목이 전반적으로 상품성이나 기술력에서 앞서는데 엔저로 가격 경쟁력까지 더해지면 국내 기업은 적지 않은 타격을 입을 수밖에 없다"고 말했다.

…중략…

이날 서울 외환시장에서 원·달러 환율은 전일보다 3원 하락한 달러당 1,079원 70전에 거래를 마쳤다. 종가 기준으로는 지난달 29일(1,076원 80전) 이후 가장 낮다. 외국인 투자자들이 주식 '팔자' 행렬을 멈추고 수출 기업들이 연말을 앞두고 달러화 매도 물량을 내놓은 영향이 컸다. 전문가들은 지난달부터 원·달러 환율이 하락세(원화 강세)를 지속하는 가운데 원·엔화 환율까지 급락세를 보이면서 국내 수출 기업이 '이중고'를 겪을 가능성이 크다고 우려했다.

(출처: 2017년 12월 22일자 한국경제신문)

일단 1단계 읽기법으로 기사를 읽어보면서 모르는 용어는 하나씩 찾아본다. 읽다 보면 '원·엔 환율의 급격한 하락'으로 원화 가치가 강해졌다는 사실을 파악할 수 있다. 이때 하락한 원인으로는 한국이 금리를 1.25%에서 1.5%로 인상한 반면, 일본은 -0.1%로 동결했기 때문이라는 것을 알 수 있다. 이는 아베노믹스 경제 정책의 영향으로 발생된 현상이다. 또 다른 선진국들은 금리를 인상하는 추세이나 일본만 금리를 동결하고 있으며, 일본과 수출 경쟁을 이루는 국내 산업의 경우, 낮은 가격 경쟁력으로 철강, 기계, 자동차, 정보기술 등의 영역에서 수출이 저하되고 있음을 알 수 있다.

그다음으로는 좀 더 심화된 2단계 읽기법인 '생각하기'를 해보자. 원·엔 환율이 1000원일 경우, 국내 수출업체가 일본에 100엔짜리 물건 하나를 팔면 1000원의 수입이 생긴다. 하지만 환율이 952원으로 떨어지면 동일한 판매로 얻는 수입은 952원으로 줄어든다. 따라서 수출업체가 이전과 같은 1000원의 수입을 얻기 위해서는 물건 가격을 올려 일본에 105엔으로 팔아야 한다.

마지막 3단계 읽기법은 '적용하기'다. 이러한 경제 상황이 자신의 삶에 어떤 영향을 미칠지 적용해보는 것이다. 환율이란 다른 나라와의 화폐 교환 비율이므로, 한쪽 상황에 따라서만 변동이 발생하지 않는다. 그러니 '2년 내 환율이 최저치라면 이제 더 이상 떨어지는 일은 없지 않을까?'라고 생각해볼 수 있다. 일본이 다른 국가의 흐름과 정반대의 정책을 계속해서 추진하기란 쉽지 않기 때문에, 엔화가 더 이상 낮아지기 어려울 것이다. 그렇다면 지금이 엔화로 된 자산의 가치가 최저치라고 간주할 수 있다. 일본에서 수입을 해오는 업체의 경우, 반대로 수입 물가가 낮아져서 많은 이익이 발생하게 된다는 사실까지 유추해볼 수 있다.

앞서 경제적 독립에 대해 이야기하며 언급한 박희주 씨의 재테크 성공 요인 중 하나도 바로 경제 기사를 읽고 생각하는 습관이었다. 경제·금융 관련 기사를 꾸준히 스크랩하면서, 단순히 읽는 것에만 그치는 것이 아니라 기사를 통해 얻은 정보를 실제 업무 현장이나 자신의 재테크 활동에도 접목해보는 경험치를 꾸준히 쌓았다. 기사에 나온 내용을 그대로 받아들여 고정관념에 갇히기보다는, 직접 확인하고 판단하는 노력을 통해 스스로 생각하고 좋은 판단력을 갖게 된 것이다.

그녀가 최근에서야 시작한 주식 투자도 마찬가지다. 시중에 흘러 다니는 주식 정보와 뉴스에 민감하게 반응하면서 단타로 사고파는 식의 투자가 아닌, 기업과 산업군의 특징을 공부하고 단기 주가에 영향을 받지 않으며 1년 이상 보유하는 전략으로 투자하는, 그녀 나름의 규칙을 가지고 투자에 임하고 있다. 이렇게 하면 많지는 않지만 노력한 만큼의 만족스러운 수익이 자연히 따라온다.

희주 씨처럼 자신만의 뚜렷한 재테크 스타일을 가진 사람들을 보면 생각의 자립이 왜 중요한지 그 이유가 더욱 분명해진다. 그리고 한 가지 확실한 사실은 '눈으로 보는 지식'과 달리 '몸소 경험을 통해 알게 된 지식'은 쉽게 머릿속에서 사라지지 않는다는 것이다.

3가지 황금지표 메모하기

생각 훈련법 2.

실질적인 경제 공부의 첫걸음은 '금리' '환율' '주가'를 확인하는 일이다. 나는 2002년에 처음 이 세 가지 지표를 확인하고 메모하기 시작했다. 한 달 동안의 환율과 주가의 움직임을 관찰하기 위해서였다. 그러다 매일 변동하는 3년 만기 국고채 금리까지 메모하게 되었고, 이 과정에서 놀라운 변화를 경험했다. 신기하게도 금리, 환율, 주가의 흐름이 머릿속에 그려지기 시작한 것이었다. 마치 골프선수의 스윙 장면을 느리게 보는 것처럼 말이다. 특히 각각의 흐름뿐만 아니라 세 가지 요소의 상호관계와 연관성을 자연스럽게 이해하게 되었다. 그리고 바로 이때부터 경제를 제대로 바라볼 수 있었다.

나는 월급 관리 세미나를 할 때마다 수강생들에게 가장 처음 이런 숙제를 내주는데, 바로 '한 달 동안 매일 금리, 환율, 주가 메모해오기'

다. 돈 관리에 처음 관심이 생겼다며 찾아온 사람들은 한결같이 "저는 경제 지식이 전혀 없어요" "금융에 대해 하나도 몰라요"라고 말한다. 그러면 우선 이 세 가지 지표를 메모해보라고 조언하는데, 그때마다 사람들은 고개를 갸우뚱하며 "그게 당장 저랑 무슨 상관인데요?"라고 묻는다.

주식에 많은 돈을 투자했거나 금융시장에 자금을 굴리고 있는 사람이 아니라면, 매일 시시각각 달라지는 이 숫자들이 별 의미가 없어 보이는 것은 당연할지도 모른다. 그렇다면 이렇게 한번 생각해보자. 별로 중요하지 않은 정보라면 왜 뉴스에서 매일 같이 이 세 가지 경제 지표를 실시간으로 전달해주는 것일까?

금리, 환율, 주가는 현재 국가의 경제 상태를 보여주는 아주 중요한 정보를 담고 있다. 마치 사람의 혈압이나 체온 등을 확인함으로써 건강 상태를 점검하는 일과 비슷하다. 이 숫자들이 보이는 당장의 작은 변화보다도 눈에 띄는 큰 변화나 움직임은 앞으로 경제가 어떤 방향으로 흘러가게 될지 가늠할 수 있게 해준다. 그러므로 경제·금융에 대한 상식이 전무하더라도 우선 이 3대 경제 지표와 친해질 필요가 있다. 그러려면 꾸준히 이 지표들의 변화 추이를 관찰하면서, 그것들이 경제에 어떤 영향을 미치고 상호 간에 어떤 연관성을 가지고 있는지 관심 있게 보는 것부터 시작해야 한다. 이때 가장 좋은 방법은 다이어리나 핸드폰 메모장에 직접 이 지표들을 기록하는 습관을 들이는 것이다. 마치 농사꾼이 일기예보를 늘 확인하듯 말이다.

3대 지표를 확인하고 기록하면서, 실제 나에게 도움이 되는 정보로 만들기 위해서는 다음 네 가지 활동을 꾸준히 실천해야 한다.

1. 기록하기 : 일단 매일 기록한다

2. 관찰하기 : 수치의 변동 추이를 관찰한다

3. 생각하기 : 3대 지표의 변화와 뉴스 소식을 연관지어 생각한다

4. 심화하기 : 상호연관성이 무엇인지에 대해 생각을 심화한다

아래는 각 날짜별 금리와 환율, 주가를 기록한 표다.

	금리 (3년 만기 국고채 금리)	환율 (원 달러 환율)	주가 (코스피 지수)
12/9	2.11	1,110	2,337
12/10	2.09	1,093	2,356
12/12	2.13	1,113	2,457
12/13	2.11	1,111	2,459
12/14	2.09	1,114	2,498
12/15	2.07	1,110	2,501
12/18	2.06	1,094	2,499
12/19	2.07	1,088	2,507

변화하는 숫자를 따라가다 보면 금리가 계속 떨어지고 환율도 떨어진다는 사실을 확인할 수 있다. 반면, 주가는 점점 오르고 있다.

이러한 현상을 직접 관찰하고 기록해보면 자연히 '왜?'라는 의문이 생기고, 변화의 원인이 궁금해 뉴스를 찾아보게 된다. 그러면 영향을 준 경제 상황이 무엇인지 알게 되고, 그 안에서 각각의 지표끼리 서로 어떤 연관성이 있는지도 자연스럽게 심화하여 생각할 수 있다.

앞서 소개한 네 가지 활동이 습관으로 몸에 배면 그날그날 뉴스와 연관지어 경제 지표를 생각하게 되고, 앞으로의 변화 추이도 대략적으로 예상할 수 있는 수준이 된다. 수치의 변화가 점이 아닌 '곡선'처럼 그려지기 시작하는 것이다. 3대 지표로 경제의 흐름을 파악하는 과정은 3장에서 좀 더 자세히 다루도록 하겠다.

자산의 가치 변화 관찰하기

생각 훈련법 3.

자본주의적인 시각으로 봤을 때 이 세상에서 가장 가치 있는 것은 무엇일까? 많은 사람이 현금, 바로 '돈'을 떠올릴 것이다. 물론 맞는 말이다. 돈은 무언가를 살 수 있는 가치를 지닌 유일한 도구다.

이러한 돈을 미래에도 꾸준히 벌어다주는 것이 있으니, 이를 가리켜 '자산'이라고 부른다. 즉, 자산이란 미래의 나에게 '플러스 현금 흐름'을 계속 만들어주는 모든 것을 가리킨다. 예를 들어 개인에게 자산은 주식이나 부동산이고, 기업에게는 회사가, 직장인에게는 매월 돈을 벌 수 있도록 해주는 직장이 자산인 셈이다. 따라서 돈 자체도 가치 있는 것이지만, 돈을 계속 벌게 해주는 자산이야말로 정말 중요한 가치라고 할 수 있다.

그럼 이제 '가격'에 대해 생각해보자. 가치와 가격은 과연 같은 말일까? 가격이란 어떤 가치를 지닌 물건이나 자산이 실제로 시장에서 거래되는 값을 뜻한다. 쉽게 말해 물건이나 자산의 가치를 표시해놓은 숫자다.

그러나 엄밀히 말해 이 두 가지 개념은 같다고 볼 수 없다. 가격은 가치에 계속 가까워지는 성질을 가지고 있지만 정확히는 일치하지 않기 때문이다. 만약 가치와 가격이 항상 정확하게 일치한다면, 재테크라는 개념은 존재할 수 없다. 재테크는 미래에 가치가 높아질 가능성이 있는 자산을 현재 그 가치보다 낮은 가격에 사서, 가치가 높아지는 시점에 비싸게 파는 행위를 의미하기 때문이다. 반대로 말하면 현재 높은 가치를 가지고 있는 자산이 과거 어떤 시점에는 그 가치만큼의 가격이 반영되지 않아 싸게 거래되던 시기가 있었다는 뜻이다.

아래의 그래프를 통해 어떤 자산의 가치가 상승할 때, 그 자산의 가격이 어떻게 움직이는지 살펴보자.

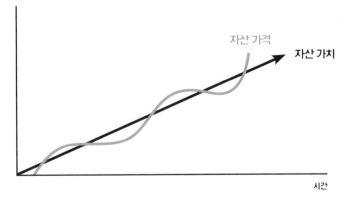

가격은 끊임없이 가치에 가까워지는 흐름을 보이나, 이 둘이 항상 같은 수치를 갖지는 않는다. 결국 자산의 미래 가치를 예측하는 능력을 키우는 것이 재테크 성공의 핵심이라 할 수 있다. 이 능력을 키우기 위해서는 자산의 현재 가격에 관심을 갖고, 꾸준히 관찰하는 습관을 들이는 수밖에 없다.

주식, 주택(아파트), 금과 같은 실물자산이나 그 밖의 기타 자산 중에서 가장 관심이 가는 대상을 골라 관찰을 시작해보자. 쉽게는 현재 자신이 거주하는 집을 대상으로 시작할 수도 있다. 물론 미술품이나 골동품을 대상으로 생각해볼 수 있겠지만, 시장 가격이 표준화되어 있지 않은 자산보다는 일정한 주기로 가격이 공개되고 표준화된 가격이 매겨지는 자산을 관찰하는 편이 좋다.

자산의 변화를 관찰할 때 필요한 다음 세 가지 자세를 기억하자.

1. 기록하기 : 일정한 주기에 따라 기록한다

2. 관찰하기 : 자산의 변화 추이와 상대적인 가격 변화를 관찰한다

3. 생각하기 : 상대적인 가격 변화의 이유를 생각해본다

지금까지 이야기했듯 한시적인 공부나 단편적인 지식을 쌓는 것만으로는 결코 생각의 자립을 이룰 수 없다. 꾸준히 오랜 시간 관심을 가지고 관찰하며 기록해야 자산의 가치를 알아보고 재테크에 성공하는 통찰력이 생긴다.

스스로 똑똑하게 결정하는 법

결정의 자립

지금까지 생각의 자립을 이룰 수 있는 세 가지 훈련법에 대해 알아보았다. 그다음에 필요한 과정은 '결정의 자립'이다. 결정의 자립이란 경제·금융·재테크에 관한 정보를 해석(생각의 자립)한 뒤, 자신에게 맞는 결정을 내리는 힘을 뜻한다. 말하자면 판단을 행동으로 옮기는 결단력이다.

다만, 결단력이 조건반사 반응처럼 그저 빠르게 실행만 하는 능력이 아니라는 점을 강조하고 싶다. 충분히 내용을 파악한 후 본인의 상황에 맞게 적용하여 결정하는 '신중함'이 배어 있어야 좋은 결단력이라고 할 수 있다. 즉, 행동을 성급하게 만드는 것이 아니라 결정에 필요한 프로세스를 빠르게 실행해주는 능력이 결단력이다.

결정의 자립이 이루어지지 않은 경우, 다시 말해 스스로 결단을 내리지 못하고 일을 미루면 미룰수록 좋은 결정을 내리기가 어렵다. 사실 결정에 오랜 시간이 걸리는 주원인은 문제를 신중히 생각하고 검토하는 데 시간을 쓰고 있어서가 아니다. 판단을 내리지 못한 채 우물쭈물 망설이느라 시간을 허비하기 때문이다.

과거에 했던 아쉬운 결정이나 후회되는 일을 한번 떠올려보라. 그때 했던 결정이 잘못된 결과를 불러온 경우보다도 결정 자체를 하지 못한 경우가 더 많을 것이다.

일반적으로 사람들이 결정을 내릴 때 취하는 행동의 프로세스는 다음과 같다.

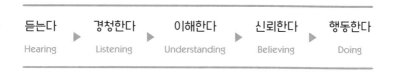

반면, 재테크에 성공한 사람들은 결정을 내릴 때 다음과 같은 행동의 프로세스를 거친다.

여기서 '듣는 것'과 '경청하는 것'은 분명 다른 의미다. 또 경청한다고 해서 모든 것을 다 이해하지는 못한다. 이해한다는 것이 정보를 신뢰한다는 의미는 아니며, 아울러 신뢰한다고 해서 모든 사람이 행동에 옮기지 않는다. 이처럼 결정의 이면에는 매우 여러 단계의 프로세스가 존재하며, 이 때문에 사람들은 쉽게 결정을 내리지 못한다.

하지만 결단력이 있는 사람은 이 과정을 보다 효과적으로 빠르게 진행한다. 우선 불필요한 정보를 듣는 단계를 패스하고, 경청하는 일부터 시작한다. 그 정보가 이해되고 신뢰할 수 있다면 빠르게 행동한다. 다시 말해 행동 프로세스가 굉장히 짧다.

앞에서 살펴본 바와 같이 '결단이라는 행동Doing'은 '경청하는 능력 Listening'과 '이해하는 능력Understanding'에서 비롯된다. 이 두 가지 능력이 빠른 사람이 결과적으로 좋은 결정을 내린다.

돈을 모으거나 투자를 할 때 스스로 생각해서 결정해보고, 그 결정의 이유와 근거를 노트에 적어보자. 그리고 자신이 생각해서 내린 결정을 절대 두려워하지 말자. 만일 잘못된 결정을 했더라도 소중한 학습 비용을 치러 교훈을 얻은 셈이라고 생각하자.

다시 강조해 말하지만 잘못된 결정을 내리는 것이 문제가 아니다. 진짜 문제는 스스로 결정을 내리지 못하거나, 잘못된 결정을 내렸다는 사실과 이유 그 자체를 모르는 것이다.

초록색 검색창에 의존하지 않기

정보 판단

정현열(37세·H화학) 씨와 김하정(32세·K메디컬) 씨는 올해로 네 살된 딸 하나를 둔 맞벌이 부부다. 이 두 사람은 전세계약 갱신을 앞두고 재계약을 해야 할지, 아니면 이번 기회에 대출을 받아 내 집 장만을 해야 할지 고민에 빠졌다. 실제로 이런 고민을 하고 있는 사람들이 무척 많다. 내가 강연을 하며 가장 많이 듣는 질문 중 하나도 "대출을 받아서라도 지금 집을 사야 할까요?"이기 때문이다.

사실 이러한 질문에 정답은 없다. 대출을 얼마나 받아야 하는지, 또 어느 지역에 어떤 집을 사고 싶어 하는지도 모르는데 말해 줄 수 있는 답이 있을리 만무하다. 솔직히 말하자면 '집을 살 때'라는 시점이 따로 정해져 있지는 않다. 어떤 집을 얼마의 가격에 사느냐의 문제일 뿐이다. 아무리 세상이 집을 살 때라고 떠들어대도 제값을 다 주고 사면 바보가 되는 것이고, 사람들 모두 살 때가 아니라고 말해도 급매를 잘 잡아서 아주 싼 가격에 산다면 똑똑한 투자가 될 수 있다.

며칠 전 아침 출근길에 남편인 현열 씨는 어김없이 스마트폰을 꺼내 인터넷 포털 사이트의 경제 뉴스를 뒤적였다. 그러다가 눈에 띄는 기사 하나를 읽었다.

'서울 아파트값 지난달 0.14% 하락, 4주 연속 내림세!'

기사를 자세히 읽지는 않았지만 '하락' '내림세'라는 단어가 머릿속에 박혔다. 자연히 '앞으로 집값이 좀 더 떨어지지 않을까?' 하는 생각이 들었다. 그렇다면 지금 무리해서 집을 사는 것보다, 전세계약을 한 번 더 갱신하고 나중에 기회를 엿보는 편이 낫겠다고 판단했다.

한편 그날 오후 아내 하정 씨는 마침 집을 샀다는 친구와 통화를 했고, 현열 씨에게 친구가 들려준 부동산 시장의 분위기를 언급하면서 "이참에 대출을 받더라도 집을 사자"라는 이야기를 꺼냈다. 서로 다른 생각을 한 두 사람은 각자의 주장을 가지고 10여 분 정도 입씨름을 이어갔지만 쉽게 결론을 짓지 못했다.

나는 이들의 이야기를 들으며 안타까움을 느꼈다. 만약 이날 부부가 긴 싸움 끝에 결정을 내렸다고 해도, 그 결정의 근거는 자신들이 직접 발로 뛰어서 알아내거나 스스로 생각해낸 것이 아니라, 외부에서 주워들은 정보였기 때문이다. 집을 산다는 일생일대의 중대한 결정에서 왜 정작 그들 자신만의 생각은 사라진 것일까?

검색창 속 정보는 참고용일 뿐이다

상당수의 현대인들이 '결정장애'를 앓고 있다. 그도 그럴 것이 세상은 날이 갈수록 복잡해지고, 너무 많은 정보가 시시각각 쏟아지고 있으며, 셀 수 없을 만큼 다양한 종류의 선택지가 우리를 괴롭히기 때문이다. 그런 와중에 현대인들의 결정을 도와주는 정보 제공 매체가 있으니, 바로 우리가 매일 들여다보고 이용하는 인터넷 포털 사이트의 '검색창'이다.

인터넷 검색창이 제공하는 편리함을 말하자면 입이 열 개라도 모자란다. 그런데 이러한 편리함 속에 우리가 스스로 생각하는 것을 방해하는 요소가 숨어 있다. 메인 화면 상단에 노출된 정보를 의심없이 받아들이고, 정보에 대한 팩트체크를 하지 않은 채 주어진 그대로를 진실로 받아들이기 때문이다. 그렇다면 현열 씨가 본 인터넷 뉴스 기사 속에는 과연 어떤 정보가 담겨 있었을까?

먼저 서울의 아파트값이 0.14% 떨어졌다는 내용부터 살펴보자. 실제로 이 기사의 말처럼 '서울의 모든 아파트값'이 0.14%만큼 떨어졌다고 판단할 수 있을까? 서울은 1000만 명이 넘게 사는 거대도시 Megacity다. 너무 광범위해서 평균치의 값으로 특정 지역의 상황을 설명하기가 어렵다. 즉, 0.14%라는 수치가 담고 있는 정보는 그야말로 무의미함에 가깝다.

실제로 거래된 아파트값을 거래되지 않은 아파트의 전체 값으로 나누어 계산했을 때, 0.14%를 5억 원짜리 아파트에 적용하면 70만 원이 싸졌다는 말이 된다. 어떤 정보를 듣고 그것을 자기 나름대로 해석할 줄 모르면 현열 씨와 같이 잘못된 판단을 하게 될 가능성이 높다. 그럼에도 불구하고 많은 사람이 현열 씨처럼 자신의 개별적인 상황에 일반적이고 대중적인 정보를 대입해 판단의 근거로 맹신하고 있다.

대중적인 정보란 다시 말해 평균적인 정보를 의미한다. 물론 평균적인 정보가 늘 틀리다는 말은 아니다. 그 나름대로 분명 참고할 만한 내용도 많다. 다만 개별적인 상황을 판단할 때는 '참고용'으로만 활용해야 한다. 평균화된 정보는 구체적인 것을 보여주지 못하는 경우가 많기 때문이다.

주어진 정보보다 한 걸음 더 들어가 접근하라

잘못된 정보에 속지 않고 정확한 판단을 내리기 위해서는 검색창이나 포털 사이트에 게재된 뉴스 등에서 얻은 정보를 바탕으로 직접 팩트체크를 해보는 작업이 필요하다. 주변의 실제 경험담을 들어보거나 부동산 중개업소를 방문해 시장에 관한 생생한 이야기를 들어봐도 좋다. 혹은 국토교통부에서 제공하는 실거래가 공개시스템 사이트(http://rt.molit.go.kr)에 접속하여 최근 이루어진 부동산 거래의 실제 가격을 조회해보는 방법도 있다. 내가 원하는 정보에 접근하기 위해서는 주도적이고 적극적인 자세로 양파 껍질을 벗기듯 한 가지에 신중하게 집중할 필요가 있다.

우선 하루에 한두 개 정보만이라도 스스로 옳고 그름을 판단해보는 훈련을 해보자. 인터넷을 통해 수십 가지 정보를 수박 겉핥기식으로 읽는 것보다, 한두 개의 정보를 읽더라도 그 내용에 대해 이런저런 질문을 하고 실제 사실을 확인해보는 편이 훨씬 중요하다. 이러한 습관은 생각의 자립을 키워주는 동시에, 결단력을 향상시키는 데에도 도움이 된다.

자, 그럼 다음의 기사 제목 읽고 생각하는 연습을 해보자.

"미국 금리 인상 본격화, 원 · 달러 환율 상승 우려 및 가계대출 부담"

기사 제목을 읽는 순간 무슨 생각이 드는가? 우리는 이 기사의 내용을 다 읽지 않아도 제목만으로 이미 기사에서 어떤 내용을 이야기하고 있는지 파악할 수 있다. 그리고 머릿속에서는 자연스럽게 '미국의 금리 인상 → 원·달러 환율 상승 → 가계대출 부담 → 소비 침체'라는 생각의 프레임이 생성된다.

사실 기사의 제목은 우리에게 생각할 거리를 주는 정보가 아니라, 특정 방향의 고정관념 또는 선입견을 강요하는 정보에 가깝다. 있는 그대로 받아들이지 말고 직접 팩트체크를 해보자. 전혀 다른 답이 나올 수 있다.

팩트체크 1.

금리 인상이란 경제가 좋아졌다는 반증이 아닐까? 미국이 금리 인상을 더욱 본격화한다는 것은 경제가 어려워서 마이너스에 가까울 정도로 낮췄던 금리를 다시 높인다는 것이다. 그렇다면 이제 미국 경제가 많이 되살아났다는 의미가 아닐까?

팩트체크 2.

금리 인상과 환율 상승에 긍정적인 면은 없을까? 대출 금리가 높아지면 그만큼 가계 소비가 줄어들어 경기가 안 좋아질 수 있지만, 이는 너무 오래전부터 예고된 일이다. 또 만일 급격한 상승만 아니라면 오히려 환율이 높아져서 기업의 실적이 좋아지는 긍정적인 면도 기대할 수 있다.

스스로 고민하고 생각해서 얻은 정보와 지식은 머릿속에 오래도록 남는다. 그만큼 판단력을 키우는 데에도 도움이 된다. 따라서 때로는 정보의 양을 줄이고 한 가지를 깊이 있게 생각해보는 훈련이 절대적으로 필요하다.

지금 당신의 행동과 결정에 영향을 주는 요인은 무엇인가? 최근 스스로 곰곰이 생각하며 사색에 빠져본 일이 있는가? 이제 검색창에 대한 너무 지나친 의존에서 벗어나 스스로 정보의 옳고 그름에 대해 판단해보고 답을 내려보자.

스스로 목표를 세우고 계획하는 법

목표의 자립

'목표의 자립'이란 스스로 이루어야 할 재무 목표를 계획하는 능력을 의미한다. 꽤 많은 사람이 목표와 목적을 혼동하는데, 이 둘은 완전히 다른 개념이다. 목적이란 궁극적으로 이루고 싶은 지향점이고, 그러한 목적을 달성하기 위해 필요한 계획이 목표다.

예를 들어 65세 이후 도시의 아파트에 살면서 취미를 즐기고, 6개월에 한 번씩 배우자와 여행을 다닐 수 있을 정도의 편안하고 행복한 노후생활을 원한다는 건 '목적'이다. 그렇다면 이 목적을 이루기 위해 필요한 목표는 무엇일까? 현재 화폐가치로 매월 400만 원의 생활비를 만들겠다는 것이 목표다. 여기에서 더 나아가 매월 공적연금 100만 원, 금융소득 100만 원, 부동산 임대소득에서 200만 원이 나오도록 재테크 계획을 세우는 것이 바로 재무 목표에 해당한다.

목표와 계획을 세우고 이를 실천하는 일은 높은 산을 오르는 일과 같다. 산악인은 산을 오르기 전에 지형이 그려진 지도를 보며 정상에 도달하기 위한 전략을 짠다. 어떤 경로로 갈 것인지, 어느 정도의 속도로 오를 것인지, 어디에 베이스캠프를 칠 것이며 언제쯤 정상에 도착할 것인지 미리 계획하는 것이다. 흔히 일상에서도 등산할 기회가 종종 있다. 이때 산을 잘 타는 사람이 있는가 하면 어렵게 오르는 사람도 있다. 힘들게 등산하는 사람은 주변 경치나 자연의 건강함을 누리지 못한 채 그저 올라가기에만 급급하다.

많은 직장인이 이처럼 인생의 목적을 이루기 위한 재테크 목표, 즉 재무 목표를 세우는 일에 어려움을 느낀다. 특히 경제·금융 지식이 부족하고, 미래가 불확실하며, 남들보다 월급이 적다고 생각하는 사람들일수록 더욱 그렇다. 그들은 적은 소득, 가파른 집값 상승, 고용 불안 등을 이유로 재무 목표를 세울 엄두조차 나지 않는다고 하소연한다. 말하자면 등산 장비 하나 없이 평상복에 운동화 하나만 덜렁 신고 히말라야를 오르는 것과 같은 절망감을 느낀다는 것이다. 현실이 녹록치 않은 것은 분명 사실이다. 하지만 이런저런 이유로 재무 목표를 세우지 않는다면, 산에 오르는 일조차 꿈꿀 수 없는 상황을 마주하게 될 것이다. 즉, 목적조차도 가질 수 없게 된다는 뜻이다.

사실 재무 목표를 세우는 일은 여름휴가나 여행을 떠나기 전에 계획을 짜는 것과 크게 다르지 않다. 1년 365일 중 고작 며칠 남짓한 휴가 일정을 짜는 데에는 심혈을 기울이면서, 인생의 재무 목표에 대해서는 소홀히 여기는 태도는 다소 문제로 보인다. 상황이 나쁘고 여의치 않다는 말은 핑계일 뿐이다. 오히려 상황과 환경이 나쁘기 때문에 더더욱 목표를 철저히 세우고 계획을 짜야 한다.

올바른 재무 목표 설계하기

아래 제시된 표를 이용해 자신의 재무 목표와 실천 계획에 대해 생각하고 작성해보자.

목표명	필요 금액	달성 시기	실천 계획
①			
②			
③			
④			
⑤			

목표를 쓰다 보면 이런 생각이 들 것이다.

'좋은 재무 목표, 올바른 계획이란 어떤 것일까?'

계획은 목표를 위해서 존재한다. 또한 목표는 목적을 위해 존재한다. 따라서 이 세 가지는 그 방향이 일관되어야 한다. 일관성을 갖기 위해서는 무엇이 필요할까? 간단하다. 구체적이어야 한다. 현실성이 떨어지는 목표는 실천되지 못할 가능성이 높다. 아울러 재무적인 목표인 만큼 달성 시기와 필요 금액을 명확히 한다면, 달성 가능성이 높은 좋은 목표가 될 수 있다.

직장 생활 3년 차인 송예은(미혼·31세) 씨는 나와 상담을 하며 당장의 목표부터 어떻게 세워야 하는지를 어려워했다. 그녀가 써낸 재무 목표와 재정 상황은 다음과 같았다.

목표명	필요 금액	달성 시기	실천 계획
① 목돈 마련(결혼 대비?)	3000만 원	?	정기적금 100만 원
② 내 집 마련	?	15년 이내	펀드 30만 원, 청약저축 20만 원
③ 노후 준비	?	60세(?)	개인연금저축 34만 원

사실 예은 씨의 저축액은 보험을 제외하고 월 소득의 59% 정도인 184만 원으로 아주 적은 편은 아니었다(95페이지 참고). 그럼에도 그녀

저축 내용	
정기적금:	100만 원
청약저축:	20만 원
개인연금:	34만 원
펀드:	30만 원
실손보험:	11만 원
합계:	184만 원
	(보험 제외)

소비 내용	
월세(관리비 포함):	없음
교통통신비:	17만 원
학원비:	10만 원
식비(외식 포함):	45만 원
쇼핑비:	20만 원
문화생활비:	10만 원
모임비:	5만 원
합계:	107만 원

는 자신이 세운 재무 계획이 막연하게 느껴지고 늘 의구심이 들었다고 했다. 그런 심정이 목표에 고스란히 반영된 듯했다.

예은 씨가 작성한 재무 목표를 예로 들어 올바른 계획 설계에 대해 알아보겠다. 먼저 '목표명'은 가급적 구체적으로 적어야 한다. 많은 사람이 목표라고 적어내는 '목돈 마련'이라는 말은 사실상 목표가 없다는 의미와 같다. 특히 결혼 자금일수록 그 시기를 정확히 가늠하기 어려운 점이 있다 보니, 목돈 마련이라는 애매한 표현을 쓰곤 한다. 목표명이 구체적이지 않으면 목표에 대한 집중도가 떨어지고, 도중에 전혀 생각하지 않은 곳에 돈을 쓰게 될 가능성이 매우 크다.

'내 집 마련'도 마찬가지다. 1인 가구든 결혼한 부부든 자신이 원하는 주택과 해당 시장에 대한 확실한 조사를 통해 구체적으로 목표를 설정해야 한다. 휴가 때 머무를 숙소는 꼼꼼하게 따지면서 평생 살아야 할 공간인 집에 대해서는 정작 무관심하지 않았는가? '노후 준비'라는 목표 역시 소득이 끊어진 이후를 대비하는 것이므로, 몇 살부터 얼마만큼의 소득을 만들어 어떻게 생활할 것인지 꼼꼼하게 따져보아야 한다.

✎ 목표명 수정

목돈 마련(결혼 대비?) → 결혼 자금(혼수)

내 집 마련 → 서울 성동구 내 25평 아파트 매입

노후 준비 → 월 생활비 350만 원(현재 화폐가치 기준)

"꿈에 날짜를 더하면 비로소 목표가 된다"는 말이 있다. 목표는 구체적인 날짜가 수반되어야 목표로써의 의미를 갖추게 된다. 산에 오를 때에도 언제까지 정상에 도달하겠다는 계획 없이 오르면 결국 그 속도를 가늠할 수 없게 되는 것처럼, 재테크에서도 정해진 날짜가 없으면 목표를 온전히 이룰 수 없다.

✎ 달성 시기 수정

결혼 자금(혼수): 3년 내

서울 성동구 25평형 아파트 매입: 15년 내(46세 전)

월 생활비 350만 원: 27년 내(58세부터)

재무 계획은 사실상 돈을 목표에 가두어 빠져나가지 못하게 하는 역할을 한다. 손 안에 모래 한 줌을 아무리 세게 쥐어도 결국 손가락 사이로 빠져나가버리듯, 목표도 그릇에 담아 가둬두지 않으면 어디론 가 다 사라지고 만다. 따라서 실천 계획이 매우 중요하다.

또 실천 계획은 목표명과 달성 시기에 부합해야 한다. 예를 들어 20평짜리 주택에 혼수와 가구를 마련하는 데 3000만 원이 필요하다 면, 월 83만 원을 납입하고 1년 단위로 예금을 들어 3년 뒤 3000만 원을 모으겠다고 계획을 세우는 것이다. 아울러 남은 17만 원은 신혼 여행비와 예비비로 쓸 수 있도록 별도의 정기적금을 가입해 3년 뒤 약 620만 원을 만들면 돈이 새는 것을 막을 수 있다. 이제 예은 씨의 새 로운 재무 목표를 살펴보자(98페이지 참고).

송예은 씨의 수정된 재무 목표

목표명	필요 금액	달성 시기	실천 계획
① 결혼 자금 (혼수 · 신혼여행)	혼수 3000만 원	3년 내	정기적금① 월 83만 원 (▲▲은행)
	예비비 620만 원	3년 내	정기적금② 월 17만 원 (■ ■은행)
② 서울 성동구 25평 아파트 매입	현재 시세 4억 5000만 원 (매년 3.5% 상승 시 7억 5300만 원)	15년 내 (46세 전)	(결혼 전) 펀드 30만 원, 청약저축 20만 원
			(결혼 후) 적금 100만 원, 펀드 30만 원, 청약저축 20만 원
			배우자의 전세 자금 및 소득분 제외 후 30%
③ 노후 준비 (월 생활비 350만 원)	현재 화폐가치 월 350만 원 (본인 200만 원) 국민연금·퇴직연금 제외한 월 45만 원 달성	27년 내 (58세부터)	개인연금 월 34만 원 (향후 주택 구입 후 임대용 부동산 마련 필요)

나의 재무 목표

이제 당신의 목표를 다시 작성해보자!

목표명	필요 금액	달성 시기	실천 계획
①			
②			
③			
④			
⑤			

3장

알면 알수록
저절로 돈이 모인다

금융맹에서 탈출하고 싶어요

기초 상식

자본주의 사회를 살아가면서 최소한의 금융 지식을 갖추지 않으면 애써 번 돈을 안전하게 지키거나 투자를 통해 돈을 불리기가 어렵다. 금융에 대한 지식이 전무한 '금융맹'은 어떤 정보를 얻어도 지나친 의심만 가진 채 결정을 내리지 못하고 기회를 놓치거나, 도리어 잘못된 정보에 혹해 낭패를 보기 십상이다. 내 돈을 지키는 일은 돈을 많이 버는 것만큼이나 중요하다. 그래서 전문 지식까지는 아니더라도 최소한의 지식만큼은 꼭 알아야 한다. 지식을 갖춰야 한다고 해서 굳이 관련 서적을 찾아 어렵게 공부할 할 필요는 없다. 매일 뉴스에 나오는 경제 기사와 실생활에서 일어나는 금융 활동에 관심을 가지고, 직접 판단해 보려는 약간의 노력만 지속한다면 통달할 수 있는 수준이다. 다음에 나오는 질문들을 통해 자신이 금융맹인지 아닌지 테스트해보자.

나는 금융맹일까 아닐까?

다음의 내용이 맞으면(해당하면) ○, 틀리면(해당하지 않으면) ×를 표시하세요.

1. 매년 2%의 인플레이션이 일어난다고 가정했을 때, 연 2% 이자율인 은행 예금에 넣어둔 현금의 실질가치는 전혀 늘지 않는 셈이다. [　　]

2. 앞으로 금리가 오르면,

   ⓐ 시중 통화량이 감소하고 경기가 둔화될 가능성이 있다. [　　]

   ⓑ 원화 가치가 감소하므로 환율이 올라갈 가능성이 있다. [　　]

   ⓒ 기업 경영이 활성화되어 영업이익이 증가할 가능성이 있다. [　　]

   ⓓ 실물자산(비금융자산) 가격이 오르고 금융자산 가격은 떨어진다. [　　]

3. 이자율 연 2%로 매월 100만 원씩 1년간 정기적금을 부을 때와, 1200만 원을 1년간 예금으로 넣어두었을 때 각각 원금은 동일하지만 이자 금액은 다르다.

[　　]

   이때 적금 이자와 예금 이자를 각각 정확하게 계산하는 법을 안다. [　　]

4. 원·달러 환율이 앞으로 더 오른다는 것은

   ⓐ 원화 가치가 하락한다는 것을 의미한다. [　　]

   ⓑ 해외여행을 갈 때 비용이 더 늘어난다는 것을 의미한다. [　　]

   ⓒ 휘발유 소매 가격이 낮아진다는 것을 의미한다. [　　]

   ⓓ 수출기업들의 영업이익이 감소한다는 것을 의미한다. [　　]

5. 주가(주식 가격)는 현재 시점에 기업의 시장 평가 가치를 의미한다. [　　]

6. 국내 주식시장의 3대 투자자는 정부, 기관, 개인이다. [　]

7. 시가총액이란 기업의 발행 주식에 현재 주가를 곱한 값이다. [　]

8. 예·적금 이자에는 이자소득세와 지방세로 총 15.4%의 세금이 부과된다. [　]

9. 연봉이 오를수록 소득공제보다 세액공제의 혜택을 받는 게 더 유리하다. [　]

10. 연간 연봉의 30% 이상을 사용한 경우, 그 초과분에 대해 신용카드는 15%, 체크카드는 30%를 소득공제 해준다. [　]

11. 주택 전세 금액은 거주 가치와 매매 금액 보유 가치(투자 가치)를 나타낸다. [　]

12. 토지, 상가·건물, 아파트 중 현금화가 가장 용이한 것은 상가·건물이다. [　]

13. 'LTV'는 주택을 구입할 때 대출 받을 수 있는 비율을 나타낸다. [　]

괄호당 5점 × 총 20문항 = 100점 만점

금융 상식 수준 80점 이상 : 최우수 | 75~60점 : 우수 | 55~35점 : 보통 | 30점 이하 : 금융맹

테스트에 있는 총 스무 개의 질문은 금리와 환율, 주식시장, 부동산에 대한 기초적인 지식을 묻는 것으로 60점 이상의 점수를 받은 사람은 금융 상식이 매우 뛰어나며, 45점 이상이 나왔다면 약간의 상식을 가지고 있다고 평가할 수 있다. 만약 30점 이하라면 경제·금융에 대한 상식이 부족하므로, 기초적인 공부가 시급하다. 지금부터 각각의 질문에 대해 차근차근 풀이해보겠다.

금융맹 테스트 정답 풀이

1번의 정답은 ○다. '인플레이션이 2%'라는 의미는 통화량이 증가해 화폐의 실질적인 가치가 2% 감소했다는 뜻이다. 쉽게 설명하자면 원래는 100원을 주고 살 수 있었던 물건을 이제는 2%가 오른 102원을 지불해야만 살 수 있는 셈이다. 따라서 이자율 2%의 예금 이자를 받아서 100원이 102원이 되었어도, 내가 가진 돈의 구매력은 여전히 100원이므로 인플레이션과 금리가 같으면 내 돈의 실질적인 가치는 늘어나지 않은 것이다.

2번의 ⓐ는 ○다. 금리가 올라가면 돈을 빌리기가 어려워지고, 시중의 통화량은 감소하며, 그에 따라 경기는 둔화될 가능성이 있다. ⓑ는 ×다. 금리가 올라간다는 것은 돈의 가격, 즉 돈의 사용료가 올라가는 것이므로 원화 가치가 올라가는 셈이다. 원화 가치가 오르면 상대적으로 환율은 하락한다. ⓒ는 ✕다. 금리가 오르면 기업들이 지불해야 할 금융 비용이 증가하므로 자연히 영업이익은 줄어든다. 마지막으로 ⓓ도 ✕다. 금리가 올라가면 금융자산의 가격이 오르고 부동산 같은 실물자산의 가격은 하락한다.

3번의 정답은 ○다. 이자율 연 2%는 1년 동안 2%의 이자를 준다는 의미이므로, 1년 동안 1200만 원을 전부 맡기는 예금과 1년 동안 매월 100만 원씩 불입하는 적금은 각각 원금이 같아도 이자 금액은 다를 수밖에 없다. 먼저 예금 이자를 계산해보면 다음과 같다.

12,000,000원 ✕ 0.02 = 240,000원

이자소득세 15.4% 공제 후 최종 이자 금액 = 203,040원

한편 연 2%의 이자율을 지급하는 정기적금을 월 100만 원씩 1년 만기로 가입하는 경우, 1년 후에 받는 금액은 도표(108페이지 참고)의 내용을 통해 다음과 같은 이자 금액을 받는다는 사실을 확인할 수 있다.

월 불입 금액 ✕ 경과 개월 수 ✕ (경과 개월 수 + 1) ÷ 2 ✕ 이자율 ÷ 12

1,000,000원 ✕ 12 ✕ (12+1) ÷ 2 ✕ 0.02 ÷ 12 = 129,996원

이자소득세 15.4% 공제 후 최종 이자 금액 = 109,976원

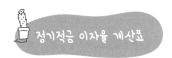

정기적금 이자율 계산표

(단위: 원)

납입 횟수(회차)	납입 금액	연 이자율(%)	적용 이자	이자 금액
1	1,000,000	2	0.02×	20,000
2	1,000,000	2	0.02×	18,333
3	1,000,000	2	0.02×	16,666
4	1,000,000	2	0.02×	15,000
5	1,000,000	2	0.02×	13,333
6	1,000,000	2	0.02×	11,666
7	1,000,000	2	0.02×	10,000
8	1,000,000	2	0.02×	8,333
9	1,000,000	2	0.02×	6,666
10	1,000,000	2	0.02×	5,000
11	1,000,000	2	0.02×	3,333
12	1,000,000	2	0.02×	1,666
합계				129,996

4번 ⓐ의 답은 ○다. 1달러를 교환하는 데 1100원이던 환율이 1200원으로 올랐다면, 이는 원화의 가치가 떨어졌음을 의미한다. ⓑ는 ○다. 원·달러 환율이 올라간다는 것은 달러에 비해 원화 가치가 낮아진다는 것을 의미한다. 동일한 외화를 교환하는 데 원화가 더 많이 들기 때문이다. ⓒ의 정답은 ×다. 휘발유의 원료가 되는 원유는 전부 외국에서 외화로 수입해야 하므로, 환율이 올라가 원화 가치가 떨어지면 마찬가지로 더 많은 원화가 필요해져 기름값이 오르게 된다. 즉, 수입 물가가 상승하는 것이다. ⓓ는 ×다. 수출기업이 수출을 하고 받는 동일한 달러라도 환율이 오르게 되면 더 많은 원화로 바꿀 수 있으므로, 원화로 표시되는 이익은 늘어난다. 즉, 수출 물가는 상승한다.

　5번의 정답은 ○다. 주가는 매일 증권거래소에서 거래되면서 시시각각 가격이 달라진다. 결국 매일 시장에서 평가받는 시장 가치가 주가인 셈이다. 6번의 정답은 ×로, 국내 주식시장의 3대 투자자는 외국인, 기관, 개인이다. 7번의 정답은 ○다. 시가총액은 시장 거래 가격에 총 주식 개수를 곱한 값이다. 8번의 정답은 ○다. 이자에 부과되는 이자소득세는 소득세 14%와 지방세 1.4%를 합한 금액이다.

　9번의 정답은 ×다. 소득공제란 일정 금액을 소득에서 공제하고 세금을 부과하여 세금의 액수를 줄여주는 방법이고, 세액공제는 일정 금액에 일정 비율을 곱하여 세금을 줄여주는 방법이다. 따라서 소득공제는 소득이 높을수록 유리하고, 세액공제는 소득의 액수와 관계없이 동일하다.

10번의 정답은 ×다. 카드 사용에 대한 소득공제는 연 소득의 25% 이상을 사용한 초과분에 대해 신용카드는 15%, 체크카드는 30%를 적용하며 전체 한도는 300만 원이다. 11번의 정답은 ×다. 전세 금액은 세입자가 집을 빌리는 대가로 지불하는 비용이므로, 거주하는 가치에 따라서 가격이 달라진다. 매매 금액은 집을 보유할 경우에 얻을 수 있는 가치를 나타낸다. 12번의 정답은 ×다. 현금화가 가장 용이한 부동산의 순서는 아파트, 상가·건물, 토지 순이다. 13번의 정답은 ○다. LTV_{Loan to value ratio}는 주택을 담보로 해서 대출 받을 때 인정되는 자산 가치의 비율을 가리키는 용어다.

커피값이 매일매일 달라진다면?

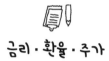

금리 · 환율 · 주가

경제란 보면 볼수록 일기예보와 참 닮았다. 답이 하나로 딱 정해져 있지 않고, 상황에 따라 수시로 변하기 때문이다. 그래서 그 누구도 당신의 경제 상황에 맞는 정확한 진단을 내려줄 수 없다. 나의 경제적 상황을 가장 잘 아는 자신만이 판단하고 결정할 수 있다.

'기상청이 체육대회를 여는 날에는 꼭 비가 온다'라는 우스갯소리처럼, 많은 경제학자와 경제 전문가의 예측은 얼마든지 어긋날 수 있다. 이는 세상에 있는 수많은 해석 중 하나에 불과하기 때문이다. 하지만 그럼에도 정보를 읽고 무슨 뜻인지를 파악하는 능력은 개개인 스스로가 반드시 익혀두어야 한다. 자본주의 사회에서 경제를 이해하지 못한다는 것은 글을 모르는 까막눈이와 다를 바 없기에, 이 부분만큼은 정확히 짚고 넘어가야 한다.

경제는 우리에게 아주 밀접한 이야기

우선 경제가 무엇인지부터 알아보자. 경제란 생산·분배·소비라는 세 가지 활동이 만들어내는 결과물이다. 쉽게 말하면 먹고사는 모든 일, 즉 돈을 벌고 쓰는 행위에서 비롯된 모든 현상을 의미한다.

그렇다면 이런 행위를 하는 주체는 누구일까? 크게 가계(개인), 기업, 정부로 나뉜다. 여기서 중요한 사실은 이 세 개의 주체가 서로 거미줄처럼 긴밀히 연결되어 있다는 것이다. 하나가 움직이면 다른 하나도 따라서 움직인다. 내가 오늘 소비하면 소비한 금액만큼 누군가는 소득을 올리게 된다. 이처럼 경제 활동은 절대로 독립적일 수 없다.

경제의 3가지 활동 → **생산 · 분배 · 소비**

경제의 3가지 주체 → **가계(개인) · 정부 · 기업**

나의 소비 = 누군가의 소득

우리는 아침에 일어나 창문을 보며 오늘 날씨가 어떨지 가늠해보곤 한다. 혹시 비가 내리지는 않는지 하늘의 색깔이나 구름의 상태, 바람의 세기 등을 체크하면서 오후나 밤에 날씨가 어떻게 변할지를 예상한다. 이때 바깥을 내다볼 수 있는 창문은 예측을 하는 데에 도움이 되는 중요한 정보를 제공해준다. 경제 상황에 대해서도 현재 상황이나 앞으로의 상황 변화를 내다볼 수 있는 창문 같은 역할을 하는 것이 있는데 바로 앞에서 설명한 금리, 환율, 주가다.

이 세 가지 지표는 모든 경제 뉴스에 단골로 등장하는 주제이자, 현재의 경제 상태를 설명할 때 반드시 사용되는 기본 재료다. 따라서 돈을 모으기 위해서는 꼭 알아야 하는 정보다.

그런데 생각보다 많은 사람이 이와 관련된 기사나 정보를 마주하면 어렵다는 생각부터 한다. 그래서 경제 문제를 대할 때 한 단계 더 깊이 있는 생각을 하지 못한다. 왜 이렇게 어렵다고만 생각하는 것일까? 그 이유는 이 세 가지 지표를 평소 자신의 입장에서만 해석해왔기 때문이다. 대체로 금리는 은행의 예금 이자 또는 대출 이자율 정도를 확인하는 용도로만 보고, 환율은 여행을 가면서 환전할 때 알아보는 정도로만 접한다. 또 주가는 직접 주식 투자를 하지 않는 한 아예 관심 밖의 일인 경우가 많다.

밥값과 커피값이 매일 달라진다면?

세 가지 경제 지표에 자연스럽게 관심을 갖는 방법이 있다. 매일 바뀌는 이 지표들을 숫자가 아닌 '가격'으로 이해하는 것이다. 매일 먹는 밥이나 커피의 가격이 그날그날 달라진다면 어떨까? 아마도 우리는 자연히 변동되는 가격에 관심을 갖게 될 것이다. 또 언제 싸고 비싼지에 대해서도 늘 주시할 것이다. 금리, 환율, 주가도 마찬가지다. 그래서

이 세 가지 지표를 가격으로 변환시켜보면 이해도 쉽고 머릿속에 오래 남을 것이다.

먼저 금리는 돈을 빌리는 것에 대한 일종의 사용료다. 돈의 가격인 셈이다. 즉, 금리가 오른다는 것은 돈의 가격이 오른다는 뜻이고 당연히 돈의 가치 또한 올라간다.

> 금리 ↑ = 돈의 가격 ↑ = 돈의 가치 ↑
> 금리 ↓ = 돈의 가격 ↓ = 돈의 가치 ↓

이런 맥락에서 미국의 금리가 오르는 상황을 가정해보자. 미국의 금리가 오른다는 것은 달러의 가격 상승을 의미하므로, 달러의 가치 또한 올라간다. 만약 원화의 가치는 변하지 않는 상태에서 미국의 금리만 상승한다면, 원화에 비해 달러의 가치가 더 올라갈 것이다. 이것이 '환율 상승'을 의미한다.

환율이라는 말을 그대로 풀어서 해석하면, 외국의 화폐를 바꾸는 데 들어가는 원화값의 크기다. 따라서 환율은 외국 화폐의 가격이라고 생각할 수 있다. 외국 화폐의 가격이 오른다는 것은 그 화폐의 가치가 올라가고 상대적으로 원화의 가치가 줄어든다는 뜻이다.

> 환율 ↑ = 달러 가격(달러 가치) ↑ = 원화 가치 ↓
> 환율 ↓ = 달러 가격(달러 가치) ↓ = 원화 가치 ↑

마지막으로 주가란 기업의 가치를 나타낸다. 만약 어느 기업이 500주의 주식을 발행하고 1주당 가격이 100만 원이라고 한다면, 총 5억 원(100만 원×500주)이 그 기업 전체의 가격(시가총액)이 된다. 다시 말해 5억 원으로 그 기업을 통째로 살 수 있다는 의미다. 따라서 1주당 가치를 가리키는 주가는 해당 기업의 가치(가격)를 발행 주식의 수량만큼 쪼개어 나눈 만큼의 가격이다. 주가가 오른다는 것은 당연히 그 기업의 가격이 오른다는 뜻이다.

> 주가 ↑ = 기업 가격 ↑ = 기업 가치 ↑
> 주가 ↓ = 기업 가격 ↓ = 기업 가치 ↓

낯설게만 느껴졌던 금리, 환율, 주가를 가격으로 이해할 수 있다면, 이제 성공적인 재테크를 할 수 있는 밑바탕이 생긴 것이다.

재테크는 사실 별게 아니다. 우리가 일상 속에서 밥값을 내거나 물건을 살 때 가격의 높고 낮음을 확인하고 매매를 결정하듯, 가격이 쌀 때 사놓았다가 비쌀 때 파는 것이 재테크 원리의 전부다.

그렇다면 언제 싸고 언제 비싼지를 어떻게 알 수 있을까? 매일 변하는 금리, 환율, 주가가 서로 어떤 연관성을 갖고 있는지를 알면 한눈에 파악할 수 있다.

돈의 움직임이 한눈에 보이는 마법

지표 공식

성공적인 재테크를 위해서는 금리와 환율, 주가의 상관관계를 아는 것이 중요하다. 다만 이제부터 살펴볼 세 가지 경제 지표의 상관관계는 절대로 공식이 아니라는 점을 기억하기 바란다. 경제 상황을 예측하는 하나의 근거일 뿐이라는 점을 유념하고, 각각을 자세하게 살펴보도록 하겠다.

금리와 환율의 관계

먼저 금리와 환율의 상관관계부터 알아보자. 금리가 오르면 원화의 가치가 높아지므로 원화의 가격이 오른다. 원화의 가치는 외국의 화폐가치가 상대적으로 낮아지는 것을 의미하므로, 환율은 떨어진다. 다시 말해 금리와 환율은 '반비례' 성향을 갖고 있다. 반대로 금리가 계속 낮아지면 환율은 상승하는 양상을 띠게 될 가능성이 높다.

예를 들어 환율이 금리의 영향만을 받는다고 가정해보자(실제로 환율은 오로지 금리의 영향만 가지고는 움직이지 않는다). 현재 원·달러 환율이 1100원인 상황에서 미국과 한국이 각각 금리를 0.5%, 0.25% 올린다고 가정했을 때, 향후 금리는 올라갈까 내려갈까? 달러의 가치가 0.5%만큼 상승했을 때 원화의 가치가 0.25%밖에 상승하지 않았다는 말은 결국 원화의 가치가 상대적으로 떨어진다고 봐야 한다. 따라서 환율은 상승할 가능성이 높다.

금리와 주가의 관계

이번에는 금리와 주가의 관계를 살펴보자. 금리의 상승과 하락이 미치는 영향에 대해 예를 들어 쉽게 설명하면 이렇다.

금리가 오르면 돈을 빌려주는 입장에서는 수익이 늘어나는 셈이지만, 돈을 빌리는 사람에게는 갚아야 할 비용의 부담이 늘어난다. 이때 돈을 빌리는 주체는 대체로 개인과 기업, 정부다. 그중에서도 가장 큰 규모의 자금을 빌리는 주체는 기업이다. 돈의 사용료인 금리가 오르면 돈을 빌리려는 기업의 비용 부담이 커져서 기업의 수익에 부정적인 영향을 미친다.

개인의 입장에서는 주식 투자를 하는 사람들의 경우, 금리가 낮으면 돈을 싼 가격에 빌릴 수 있는 기회에 투자금을 마련하려고 하겠지만, 반대로 금리가 오르면 섣불리 돈을 빌려서 투자하지 않을 것이다. 따라서 금리가 오르면 주가에는 부정적인 영향을 미칠 가능성이 높다.

예를 들어 주가가 금리와 실적의 영향만 받는다고 가정해보자(마찬가지로 실제 주가는 금리와 실적의 영향만 받지 않는다). 현재 A라는 기업의 실적이 계속해서 꾸준히 오를 것으로 전망되는 가운데 앞으로 시중금리가 큰 폭으로 상승된다는 예상이 나온다면, A 기업의 주가는 어떻게 될까? 주가는 실적이 좋거나 매출 이익에 대한 전망이 좋으면 해당 기업의 가치가 늘어날 것으로 예상되기 때문에 올라간다. 하지만 금리가 대폭 상승한다면 기업의 비용이 증가한 만큼 수익이 줄어들 가능성이 있다. 따라서 주가의 상승은 어느 정도 제한될 가능성이 있다.

환율과 주가의 관계

금리가 아닌 환율의 상승은 주가에 어떤 영향을 미칠까? 외국 화폐의 가격인 환율과 기업의 가격인 주가의 상관관계를 살펴보자. 한국 기업들의 주식이 거래되는 시장은 대표적으로 코스피KOSPI 시장과 코스닥KOSDAQ 시장이 있다. 기업의 주식을 사고파는 이 거래 시장에서 가장 큰손으로 불리는 투자자는 바로 외국인이다. 쉬운 예를 들어 만약 미국인의 입장에서 환율이 오른다면, 즉 달러의 가격이 올랐을 때 한국 시장의 주식을 사는 것이 좋을까, 아니면 달러(현금)를 쓰지 않는 편이 좋을까? 당연히 답은 현금을 확보하고 있는 편이 훨씬 유리하다. 반면 달러의 가격이 낮아진다면, 즉 환율이 낮아진다면 현금을 갖고 있는 것보다는 주식을 사는 편이 유리할 것이다. 따라서 환율과 국내 주식 가격 역시 반비례의 성향을 띠게 된다.

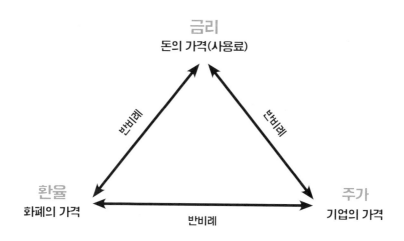

앞에서 든 예와 마찬가지로 주가가 환율의 영향만 받는다고 가정해 보자(주가도 실제로 환율의 영향만 받지 않는다). 현재 원·달러 환율이 계속해서 하락하고 있다면, 실적이 점점 좋아지고 있는 A 기업의 주가는

어떻게 될까? 주가를 사들이는 외국인 투자자가 한국 기업의 주식을 매도할지 매수할지에 따라 주가의 상승과 하락이 결정될 것이다. 한국 주식시장의 가장 큰손인 외국인이 달러를 가지고 국내에서 투자를 할 경우, 환율에 민감할 수밖에 없다. 따라서 환율이 지속적으로 하락한다면 달러의 가치가 계속 낮아지므로 외국인은 한국 기업의 주식을 좀 더 사려고 할 것이고, A 기업의 실적도 점점 좋아지므로 이 기업에 대한 매수율은 더욱 높아질 것이다.

살 때와 팔 때를 꿰뚫어 보는 안목

돈의 가치 변화

경제와 금융을 이해하는 데 있어서 무엇보다 중요한 것은 돈의 가치를 제대로 아는 것이다. 돈의 가치에 대한 기본적인 지식이 없는 상태에서는 물건을 사고팔거나, 부동산이나 주식 매매 등의 투자를 할 때 어떤 가격에 대한 정확한 가치를 가늠하기 어렵기 때문이다. 따라서 시간에 따라 돈의 가치가 어떻게 변화하는지를 이해하는 것이 필수적이다.

어떤 한 기업의 창립 10주년 기념 행사에서 있었던 일이다. 기업의 대표가 그동안 회사 발전을 위해 애써준 임직원들의 노고를 치하하는 의미로 전 직원에게 100만 원짜리 상품권 세 장을 지급하겠다고 발표했다. 이미 보너스를 두둑이 받은 직원들은 추가로 받게 된 상여 소식에 반가워했다. 단 조건이 하나 있었다. 세 장의 상품권을 현금화할 수 있는 시기가 별도로 정해져 있어서, 1년 후부터 1년씩 차이를 두고 각각 현금으로 환전할 수 있다는 것이다.

상품권 세 장의 액면가는 총 300만 원이지만, 직원들이 실제로 받은 돈의 가치는 그보다 적다고 봐야 한다. 현재의 100만 원과 미래의 100만 원은 그 가치가 다르기 때문이다. 이를 경제학에서는 현재가치 Present Value(장래의 가치를 현재의 것으로 계산한 값)와 미래가치Future Value(현재 시점의 금액과 동일한 가치를 갖는 미래 시점의 값)라고 말한다.

많은 사람이 간과하는 사실인데, 현금은 같은 금액이라도 현재가치가 미래가치보다 항상 더 크다. 말하자면 1년 후의 100만 원은 지금의 100만 원보다 그 가치가 훨씬 적다는 뜻이다.

현재가치와 미래가치를 따진다

이때 한 직원이 회사 동료로부터 재밌는 제안 하나를 받았다. 회사에서 준 상품권을 한 장당 97만 원에 팔 테니 사겠냐는 것이었다. 나쁘지 않은 제안인 듯했지만, 순간 그 값에 사는 것이 좋은지 아닌지 애매하다는 생각이 들었다. 만약 바로 현금화할 수 없는 상품권을 조금 싼 값에 미리 살 수 있는 기회가 생겼을 때 어떤 결정을 하는 편이 옳을까?

이는 상품권을 사기 위해 지불해야 할 현금의 현재가치(97만 원×3장

=291만 원)와, 세 장의 상품권이 각각 현금화되는 시기에 갖는 미래가치를 비교해 알아볼 수 있다. 미래가치를 예측하는 열쇠는 바로 '금리(돈의 가격)'다. 미래가치는 금리가 높으면 현재보다 많이 떨어지고, 낮으면 적게 떨어진다. 이를 계산할 수 있는 공식은 다음과 같다.

미래가치 = 현재가치 × $(1 + i)^n$

현재가치 = 미래가치 ÷ $(1 + i)^n$

(연 금리 = i, 경과 년 수 = n)

만약 현재의 연 금리가 2%라고 가정할 때, 1년 후 100만 원의 현재가치는 다음과 같다.

100만 원 ÷ $(1 + 0.02)^1$ = 980,392원

1년 후 100만 원의 현재가치는 약 98만 원이다. 그러므로 세 장의 상품권 중 곧바로 현금화가 가능한 상품권은 지금 당장 97만 원으로 사두는 편이 이익이다. 그렇다면 최소 2년이 지나서야 현금으로 바꿀 수 있는 나머지 두 장의 상품권은 어떨까?

100만 원 ÷ $(1 + 0.02)^2$ = 961,168원

100만 원 ÷ $(1 + 0.02)^3$ = 942,322원

2년 후 100만 원에 매겨지는 현재가치는 96만 원이다. 같은 방식으로 계산하면, 3년 후 100만 원의 현재가치는 942,322원이 된다. 즉, 상품권의 가치가 훨씬 줄어든다는 뜻이다. 만약 2, 3년 후에 현금화가 되는 상품권을 산다면 당연히 현재 97만 원에 팔겠다는 회사 동료에게 이익이 되는 셈이다.

결과적으로 상품권을 모두 사들였을 때 액면가 300만 원짜리 상품권 세 장의 현재가치는 2,883,882(980,392+961,168+942,322)원이다. 따라서 상품권 세 장을 사는 데 지불해야 할 현금 291만 원은 훨씬 손해를 보는 구매액인 것이다. 굳이 구매를 한다면 288만 원보다 낮게 지불해야 한다.

이 사례를 통해 같은 금액이라도 현재가치가 미래가치보다 더 크다는 사실을 이해할 수 있다. 현재가치와 미래가치는 자산의 가격을 이해하는 데 매우 유용한 도구다. 예를 들어 1000만 원을 투자하여 1년 후부터 4년 동안 매해 300만 원씩 수익이 발생하는 확실한 사업 아이템이 있다고 가정하고, 현재 금리는 연 7%라고 했을 때, 이 사업 아이템으로 얻게 될 수익의 현재가치는 과연 얼마일까?

$$\frac{300\text{만 원}}{(1+0.07)^1} + \frac{300\text{만 원}}{(1+0.07)^2} + \frac{300\text{만 원}}{(1+0.07)^3} + \frac{300\text{만 원}}{(1+0.07)^4}$$

$$= 280\text{만 원} + 262\text{만 원} + 245\text{만 원} + 229\text{만 원} = 1016\text{만 원}$$

결과적으로 1000만 원을 투자하여 최종 수익으로 기대되는 금액이 1016만 원이므로 투자를 해도 된다는 판단의 근거를 얻을 수 있다.

자산의 가격이 시시각각 변하는 이유

자산의 가치 변화 1.

재테크란 어렵다고 생각하면 한없이 어려워지고, 쉽다고 생각하면 거짓말처럼 쉬워진다. 재테크의 원리를 간단히 설명하면 이렇다. 현재 시점에서 싸다고 판단되는 가격의 자산을 사고, 반대로 지금 비싼 가격의 자산을 파는 것이다. 이를 위해서는 경제 상황의 변화를 읽을 줄 알아야 하고, 자산 가격이 어떻게 결정되는지를 이해해야 한다. 사실상 자산의 가치 변화를 읽는 것이 재테크의 핵심 중 핵심이다.

금리와 환율, 주가에 대해 공부한 내용을 토대로 다음의 예를 살펴보자. 해외의 금리에 비해 한국의 금리가 상대적으로 계속 상승한다고 가정했을 때 주식, 부동산, 예금(현금), 해외 자산(달러) 중 어떤 것이 가장 싼(저평가된) 자산일까?

만약 원화의 가격인 금리가 상대적으로 높아진다면 대표적 실물자산인 부동산은 당분간 상승 여력을 잃게 될 가능성이 높다. 따라서 지금의 부동산 가격은 현재 시점에서 비싸다고 간주할 수 있다. 또한 원화의 가치가 높아지면 상대적으로 해외 자산(달러)의 가치는 낮아진다. 그러면 달러의 현재 가격은 상대적으로 비싼 것이라 해석할 수 있다. 결국 금리가 계속 오른다는 것은 그만큼 경기에 찬물을 끼얹고 있다는 의미이므로, 시장 경제 상황이 급격하게 식을 수 있다는 예상을 해볼 수 있다.

반면, 예금은 높아지는 이자율로 수익이 증가할 가능성이 있다. 따라서 지금의 현금 가격은 싼 자산이라고 판단할 수 있다. 금리 인상으로 인해 기업의 비용 증가 현상이 발생할 수 있겠지만, 모든 기업이 감당 못할 만큼의 부채를 갖고 있는 것은 아니다. 부채 비율이 매우 적은, 즉 자기자본비율(총 자본 대비 자기 자본의 비율)이 높은 기업이나 경기 둔화의 영향이 적은 기업의 주가는 오히려 부동산이나 해외 자산에 쏠렸던 돈들이 유입되면서 상승할 가능성이 생긴다. 그러면 그런 종류의 주식의 경우, 현재 저평가된 자산일 수 있다.

늘 바뀌는 상황을 주시해야 하는 이유

경제에는 유일무이한 정답이 없다. 그러므로 세 가지 요소 간의 연관성을 충분히 고려하여 여러 가지 시나리오를 생각해볼 수 있어야 한다.

실제로 경제 상황은 단순히 금리 상승이라는 한 가지 변수만으로 결과를 예상할 수 없을 만큼 매우 복잡하다. 다만 우선 간단한 문제부터 다루고 생각할 줄 알아야 실제의 복잡한 경제 상황을 예측할 수 있게 된다. 물론 아주 기초적인 결론이기는 하나, 앞에서 설명한 예시 상황과 같은 예측 결과가 나왔다면 그 시기에 해야 할 재테크는 비싼 자산인 부동산과 해외 자산을 팔고, 현재 가치가 낮아진 예금과 주식을 사는 것이다. 풀어서 설명하자면, 현금 비중을 늘리면서 경기방어주(경기의 호전·위축과는 상관이 없거나 큰 영향을 받지 않는 업종에 속하는 기업의 주식을 통틀어 일컫는다. 경기에 둔감하기 때문에 '경기둔감주'라고도 한다. 주로 전력, 가스, 철도 등 공공재와 의약품, 식료품, 주류 등 생활필수품과 같은 종목이다)를 사면 된다.

금리와 환율, 주가의 변화에 따라 우리를 둘러싼 경제 환경은 시시각각 움직인다. 또 이러한 경제 환경의 변화에 따라 주식, 현금, 부동산, 해외 자산 등 각종 자산의 가격도 매일 값이 높아졌다가 떨어지기를 반복한다. 이는 외부 환경의 변화에 따라서 자산의 평가 가치도 변한다는 사실을 보여주는 단적인 예다.

보다 쉽게 이해하기 위해 자산이 아닌 소비재를 예로 들어 설명해보겠다. 만약 0.6리터의 생수 한 병이 1200원이라면 이 물은 비싼 것일까 싼 것일까? 이에 대한 생각은 사람마다 전부 다르겠지만, 대부분은 비싸다고 생각할 것이다. 같은 양의 휘발유를 가지고 비교해보면, 0.6리터의 휘발유는 약 970원(2018년 8월 전국 휘발유값 1618원 기준)이므로 생수가 휘발유보다 230원이나 더 비싸기 때문이다.

그러나 만약 한창 더운 여름날 높은 산 정상에서 생수 한 병을 1200원에 판다고 하면 비싸다고 여기는 사람이 급격히 줄어들 것이다. 또 사막 한가운데에서 이 생수를 만난다면 한 병에 1만 원을 매겨 팔아도 지구상에서 가장 싼 물이 될 것이다.

이처럼 우리가 가진 자산의 가치는 그 자산이 가진 본래의 가치 말고도 주변 환경의 영향을 크게 받는다. 이것이 우리가 경제 상황과 환경의 변화에 민감해야 하는 이유다.

지금 당장 어떤 자산에 투자해야 할까?

자산의 가치 변화 2.

　모든 자산의 현재 가격은 미래에 발생할 현금 흐름의 정보를 담고 있다. 반대로 말하면 미래에 발생할 현금 흐름을 알면, 현재 자산의 적정한 거래 가격을 알 수 있다는 뜻이다.

　자산 가격의 내재가치를 알아보기 위해서는 먼저 '자산'과 '리스크 Risk'가 무엇인지부터 이해해야 한다. 자산은 소유하고 있는 사람에게 미래에 플러스 현금 흐름을 가져다주는 모든 것을 의미한다. 즉 주식, 부동산, 예금 등이 자산이다. 주식과 부동산은 미래에 각각 배당과 임대 수익이라는 플러스 현금 흐름을 가져다준다. 이런 맥락에서 직업 또한 자산의 일환이다. 자영업자에게는 가게가, 회사를 운영하는 사람에게는 기업이, 직장인들에게는 직업이 자산이다.

　한편 리스크와 데인저Danger는 흔히 '위험'이라는 의미로 해석되는 데, 사실 이 둘은 완전히 다른 의미다. 먼저 데인저는 취할 필요가 전혀 없는, 말 그대로 위험 그 자체이지만, 리스크는 상황에 따라 고의로 취하거나 감수할 필요가 있는 적절한 위험 부담을 뜻하는데, 재테크에서는 불확실성 속에 숨어 있는 초과 이익을 말할 때 리스크라는 용어를 사용한다.

리스크 = 위험 + 초과 수익 기회

그래서 리스크를 많이 취한 사람일수록 더 큰 보상을 기대할 수 있다. 경제학에서는 리스크와 초과 이익의 관계를 가리켜 '위험과 수익의 상충관계Risk Return trade off'라고 말한다. 투자를 할 때 미래에 얻을 위험(리스크)이 크면 클수록 그에 대한 대가로 더 많은 수익을 요구한다는 것을 뜻한다. 즉, 높은 위험을 부담할수록 높은 보상을, 낮은 위험을 부담할수록 낮은 보상을 받게 되는 것이다.

현금 흐름에 따라 변하는 자산 가치

한번은 나이 지긋한 신사 한 분이 경제적 고민이 있다며 나를 찾아왔다. 그는 이제 막 은퇴를 앞두고 있었는데, 따로 일하지 않아도 매월 200만 원 가량의 소득이 꾸준히 들어오는 자산을 마련하고 싶다고 말

했다. 당시에 나는 시장조사를 통해 그를 위한 네 가지 선택지를 보여
주었다.

- S전자 주식 : 2억 2000만 원 상당
- 홍대 지역 상가 건물 : 약 5억 7000만 원
- 서울 지역 아파트 : 약 8억 원
- 은행 예금 : 12억 원

위의 내역처럼 주식은 월 200만 원의 현금 흐름을 꾸준히 유지할
수 있는 자산 중에 투자 자금 부담이 가장 큰 선택지다. 2억 2000만
원을 투자해서 S전자 주식 4800주를 사면, 연간 주당 순이익이
5000원 정도이므로, 매월 약 200만 원의 수익이 발생하는 셈이다(물
론 수익을 모두 배당하지 않으므로, 당장 소득이 생기지는 않지만 수익으로만 평가한
다는 가정이다). 하지만 주식의 수익이 언제까지 계속될 것인가라는 의
문이 제기되는 것도 사실이다. 미래에도 현금 흐름이 변하지 않는다
는 보장을 할 수 없어 위험이 매우 높다고 볼 수 있다. 투자 금액(가격)
이 가장 적은(싼) 배경이 바로 여기에 있는 것이다. 자산 가격이 싸다
는 것은 현재 투자 금액 대비 보상과 위험이 가장 높다는 것을 의미한
다. 위험과 수익의 상충관계 원리가 적용되는 것이다.

홍대 지역에 상가 건물을 마련하는 경우, 최근에 상권이 빠르게 변
하는 추세이고 번화한 홍대 지역이라고 하더라도 공실이 생길 염려가

전혀 없다고는 장담하기 어렵다. 그러나 주식의 월간 수익보다는 상가의 임대 수익이 미래의 현금 흐름 가능성면에서도 좀 더 안정적이라고 볼 수 있다. 따라서 주식보다 상가를 마련하는 비용이 훨씬 비싸다.

아파트 역시 경기 변화의 영향을 받는 부동산이므로 때때로 가격 하락의 위험이 있고, 필요한 때에 당장 현금화할 수 없다는 제한이 있다. 그러나 상가와 달리 서울의 아파트는 세입자를 찾지 못해 공실이 될 우려가 거의 없다. 미래의 소득을 월세를 통해 운용하고 싶다면, 상가를 소유하는 것보다는 아파트가 훨씬 안전하다고 봐야 한다. 그만큼 상가 건물을 구매하는 비용보다는 투자 금액이 훨씬 크다.

은행 예금의 경우, 월 소득 200만 원을 만드는 자산 중 가장 비싸지만, 이자를 받지 못할 확률이 거의 제로이므로 리스크 역시 거의 제로 수준이기 때문에 현재 자산으로 투자해야 할 금액이 가장 비싸다. 반대로 말하자면, 금액 대비 보상이 가장 적다는 뜻이다.

이처럼 자산을 마련하기 위해 고려해야 할 선택지는 다양하다. 어떤 자산을 선택할 것인가는 각자의 경제적 상황에 달려 있다. 자산을 마련하는 데 필요한 자본을 얼마만큼 확보하고 있는가, 투자할 수 있는 자본 대비 얼마만큼의 리스크를 감수할 수 있는가는 모두 다르기 때문이다. 즉, 현재 투자 금액 대비 높은 미래 현금 흐름을 원할 것인지, 혹은 미래 현금 흐름이 적더라도 안정성을 원할 것인지를 스스로에게 묻고 답해 결정해야 한다. 그러니 자산을 마련하는 데 있어서 그 가치 변화를 늘 염두에 두기를 바란다.

 4장

스스로 하는 월급 관리, 이렇게 재밌다니!

버는 돈, 쓰는 돈, 새는 돈 파악하기

재무 밸런스

본격적인 내 돈 관리를 시작하기에 앞서 반드시 필요한 준비 작업을 해보자. 바로 내가 가진 '돈(현금)의 흐름'과 '재무 목표'를 정확히 파악하고 작성해보는 일이다.

생각보다 많은 사람이 매달 자신이 정확히 얼마를 벌고, 어디에 얼마나 돈을 쓰는지 잘 모른 채 살아간다. 회사의 회계 장부는 밤낮으로 열심히 들여다보는 사람도, 정작 자신의 통장 내역이나 지갑 사정은 잘 모르고 지내는 것이다. 내 돈 관리는 '통장에 돈이 얼마가 들어오고 얼마가 빠져나가는지'를 정확히 파악하는 아주 기초적인 일에서부터 시작한다. 월 현금 흐름은 크게 수입과 지출, 이 두 가지로 구성되는데 말 그대로 수입이란 나에게 들어오는 모든 돈이고, 지출이란 나에게서 나가는 모든 돈을 뜻한다.

한 달치 돈의 흐름을 읽는다

우선 실제 소비 내역이 적힌 영수증이나 신용카드 청구서, 통장 내역서 등을 살펴보면서 월 현금 흐름의 구성을 파악하는 시트(139페이지 참고)를 작성해보자. 하나씩 쓰다 보면 그동안 모르고 지나쳤던 새로운 사실들을 발견하게 될 것이다.

만약 월수입과 지출 내역이 달마다 크게 차이가 난다면, 최근 3개월 간의 내역들을 가지고 평균값을 계산해 적으면 된다. 시간이 걸리더라도 1원 단위까지 정확히 기입하는 것이 중요하다.

월 현금 흐름을 파악하는 데 필요한 모든 항목은 한 달(월)을 기준으로 적는다. 다만, 연간 단위로 계산하는 항목은 1년치 금액을 모두 적는다. 내용을 작성하기에 앞서 각각의 항목이 어떤 의미인지부터 알아보자. 먼저 비소비성 지출은 금융기관을 통해 이루어지는 모든 저축을 가리킨다. 세부 유형을 나눠보면 다음과 같다.

단기저축 가입일로부터 만기일이 3년 이하인 저축 상품(대출 원금 상환 금액, 정기적금, 자유적금, 정기부금, 3년 이하 적립식 펀드 등)

중장기저축 가입일로부터 만기일이 4년 이상인 저축 상품(청약저축, ISA 종합자산관리계좌, 저축보험, 개인연금 등)

금리형 저축 약정 이자를 주는 저축 상품

투자형 저축 실적 배당을 하는 저축 상품

구분	항목	지출		구분	수입	
		과목	금액		과목	금액
ⓐ 비소비성 지출	단기 저축	금리형저축		근로 소득	근로소득·사업소득	
		투자형저축			연간 상여금(보너스)	
		기타저축			명절귀성여비	
		대출원금상환			휴가비	
	중장기 저축	금리형저축			특별수당	
		투자형저축			기타수당	
		기타 저축		⑨ 근로소득 소계(월)		
ⓐ 비소비성 지출 소계(월)				사업 소득	사업소득	
ⓑ 소비성 지출	고정 지출	교통·통신비(유류비 포함)			기타 사업소득	
		각종 공과금		ⓗ 사업소득 소계(월)		
		중식비		임대 소득	부동산 소득(임대소득)	
		가계주식비			기타 부동산 소득	
		월세·대출이자		ⓘ 부동산 임대소득 소계(월)		
		부모님 정기 용돈		그 외 소득		
		학원비·기부금				
		기타 고정지출				
	ⓒ 고정지출 소계			ⓙ 그 외 소득 소계(월)		
	변동 지출	외식비				
		문화생활비				
		교육비				
		쇼핑유흥비				
		경조사				
		기타 변동지출				
	ⓓ 변동지출 소계					
	연간 비정기 지출 (년)	연간 의류 비용				
		연간 여행 비용				
		명절 비용				
		기타 비정기 지출				
	ⓕ 연간 비정기 지출 소계(년)					
	ⓔ 연간 비정기 지출(월 평균)(ⓕ÷12)					
ⓑ 소비성 지출 소계(월) (ⓒ+ⓓ+ⓔ)						
월 잉여금액(월 소득-(ⓐ+ⓑ))						
지출 합계(월) (ⓐ+ⓑ)				수입 합계(월) (⑨+ⓗ+ⓘ+ⓙ)		

그다음 소비성 지출이란 한 달치 고정지출과 변동지출을 더한 값에, 연간 비정기 지출을 12개월로 나눈 값을 더한 금액으로, 매월 저축하는 금액을 제외한 모든 돈을 뜻한다.

고정지출	변동 없이 매월 항상 고정적으로 발생하는 지출
변동지출	변동폭이 크며 매월 사용하는 금액이 달라지는 지출
연간 비정기 지출	특정한 달이나 계절에 추가적으로 발생하는 지출 (명절, 여행, 계절별 의류 구입 비용, 자동차 보험료 등)
연간 의류 비용	매월 발생하는 쇼핑 비용을 초과하는 의류 구입 비용
연간 여행 비용	1년간 여행 경비로 사용하는 비용
명절 비용	명절로 인해 평소 소비 금액보다 초과되어 쓰이는 비용

연간 비정기 지출에 해당하는 항목을 좀 더 정확히 살펴보면, 연간 의류 비용이란 매월 발생하는 쇼핑 비용을 초과한 의류 구입비를 말한다. 연간 여행 비용은 1년간 여행 경비로 사용하는 모든 비용을 뜻하며, 명절 비용은 설과 추석 등 명절에 추가적으로 발생하는 소비 비용을 말한다. 연간 비정기 지출의 월 평균 금액은 전체 지출액을 12개월로 나누어 구할 수 있다.

마지막으로 월 잉여자금은 월 소득에서 비소비성 지출과 소비성 지출을 모두 뺀 나머지 금액이다. 만약 월 소득보다 그 달에 돈을 더 많이 지출한 경우, 최종 잉여자금이 마이너스가 된다.

미래의 지갑을 준비한다

매달 내가 벌고 쓰는 현금의 흐름을 파악했다면, 이제는 미래의 재무 목표를 정확하게 적어볼 차례다. 이때 현재의 경제적 상황을 감안해 너무 소극적으로 목표를 세우거나, 지키지도 못할 원대한 목표를 세우면 흥미를 잃게 될 수 있으니 주의해야 한다. 너무 어렵게 생각하지 않아도 된다. 재무 목표란 '나중에 쓸 돈에 대한 계획을 세우는 일'이라는 사실만 유념하자. 지금 나를 옭아매는 답답한 틀을 만드는 게 아니라, 미래의 나를 위해 지금 꼭 써야 하는 돈의 규모를 계획한다고 생각하면 이해가 쉬울 것이다. 결국 재무 목표란 평소 자신의 월수입만으로 감당할 수 없는 일, 즉 일정 기간 동안 돈을 모아 준비해야만 해결할 수 있는 만약의 사태를 대비하기 위한 것이다.

재무 목표를 작성할 때는 가장 먼저 '필수 목표'를 작성한 뒤, 부차적인 목표를 '추가 목표' 항목에 적도록 하자. 여기서 목표란 어떤 일에 얼마만큼의 돈을 쓰겠다는 '미래의 구체적인 소비 리스트'다. 예를 들면 '결혼 자금'이 하나의 목표가 될 수 있다. 결혼 자금을 계획할 때는 부모님의 재정적 지원은 일단 배제하고, 결혼이 예상되는 시기까지 남은 기간 동안 온전히 스스로 저축을 통해 모을 수 있는 금액의 최대치를 적어야 한다.

주택 마련 자금의 경우 집을 살 수 있는 시기를 고려하여 따지되, 받아야 할 대출이 전체 집값 대비 20% 이하로 낮아지는 때를 설정한다.

전세자금대출을 받았다면, 그때까지는 원금 상환에 집중하는 편이 좋다. 나이로 예를 들어보면, 결혼하지 않고 혼자 사는 사람은 45세까지, 부부의 경우는 결혼 후 12년 이내에 내 집 마련을 염두에 두고 계획을 세워야 안정적인 생활을 유지할 수 있다.

그렇다면 주택 자금으로 필요한 최소한의 금액은 어떻게 구할 수 있을까? 이를 계산하는 공식은 다음과 같다.

현재 주택 가격 x 연간 상승률 x 기간 x 80% – 현재 전세 자금

= 최소 주택 마련 자금

예를 들어 2억 5000만 원의 전세 자금으로 생활하는 사람이 앞으로 5억 5000만 원가량의 주택을 12년 안에 산다고 목표했을 경우, 연간 상승률로 단리 4%를 적용하여 각각의 데이터를 공식에 대입해보면, 다음과 같은 결과가 나온다.

5억 5000만 원 x 4% x 12년 x 80% – 2억 5000만 원

최소 주택 마련 자금 = 4억 120만 원

결혼해서 아이가 있는 가구라면 자녀 교육비도 만만치 않게 들어갈 것이다. 교육 자금의 경우 1인당 자녀 교육비가 도시가계근로자 평균 1억 4800만 원이 드는 것으로 조사되었는데(2012년 한국보건사회연구소),

이를 전체 자녀 교육 기간인 16년으로 나누어보면 월 77만 원 정도가 필요한 셈이다.

하지만 이는 어디까지나 평균값에 불과하며, 한꺼번에 들어가는 돈이 아니라 오랜 시간 꾸준히 발생하는 비용이므로 부모의 소득을 오래 유지하는 것이 가장 좋은 교육 자금 마련법이라고 할 수 있다. 100%까지 마련하는 건 불가능하더라도, 전체 교육비의 20% 정도 (3000만 원)는 자녀가 태어난 시점부터 10년 이상 장기저축을 통해 모아두는 편이 좋다.

교육 자금 계획

교육비 마련을 위해 10년 목표로 적립식 펀드 월 20만 원 가입

→ 자녀가 10살이 될 때부터 조금씩 인출하여 사용 가능

그렇다면 노후에 발생할 소득은 어떻게 구해야 할까? 사실 노후는 연습과 예측이 모두 불가능하다. 그래서 완벽히 정확한 액수를 계획할 순 없겠지만, 현실적으로 현재의 생활비에서 자녀 교육비를 제외한 금액의 1.5배 이하로 낮아지지 않는다는 점만 유념하기 바란다. 노후라고 해서 돈 쓸 일이 줄어드는 게 아니라는 말이다. 아니, 오히려 자녀가 결혼을 하고 자신의 몸도 점점 아파지기 때문에 큰돈이 한꺼번에 들어가는 일이 많아질 것이다.

그래서 노후 소득을 한 곳에서만 나오도록 계획하는 일은 굉장히

위험하다. 최소한 네 개 이상의 구멍에서 돈이 나오도록 계획해야 만일의 사태를 대비할 수 있다.

노후 월 소득 계획

국민연금 80만 원 + 퇴직연금 70만 원 + 개인연금 50만 원

+ 임대용 오피스텔 70만 원 + 아르바이트 30만 원

= 매월 총 300만 원 소득 발생

오아시스 자금은 1년간 매달 평균적으로 예산을 초과하는 비정기 지출이 무엇인지 파악한 뒤 그에 맞춰 적정한 예산 계획을 세워보자. 대표적으로 여행 경비, 명절 비용, 겨울 의류 구입 비용 등이 있다. 자신의 상황에 맞춰 목표 예산을 잡고, 별도의 계좌에서 관리해야만 무의식적인 소비를 막을 수 있다. 특히 오아시스 자금은 사용하고 난 후 확인하는 시스템이 아닌, 사용 전에 미리 예산을 계획하고 그 안에서만 사용하도록 해야 한다. 보통 월 소득의 70%를 넘지 않는 것이 적당하며, 아무리 많아져도 한 달치 월 소득은 넘지 않도록 세워야 한다.

재무 목표를 작성할 때는 자신이 평가하는 목표의 수준도 함께 생각해보는 것이 좋다. 해당 목표와 필요 금액이 이상적인 수준인지, 만족스러운 수준인지 혹은 최소한의 마지노선인지 스스로 검토해보는 것이다. 처음 재무 목표를 세우고 작성해보는 사람이라면, 다음 작성 예시(145페이지)를 참고해 써보도록 하자.

(단위: 만 원)

	내용	목표 수준	기간	필요 금액	요구사항
필수 목표	결혼 자금 혼수, 주택 자금 목돈 마련	이상적 ☐ 만 족 ☑ 최소한 ☐	36 개월 (3년)	7500	전세금 5000만 원 외 예·적금 총합 2500만 원
	주택 자금 서울 행당동 110㎡(33평형) 아파트 자가 마련	이상적 ☐ 만 족 ☐ 최소한 ☑	144 개월 (12년)	7,7300	15년 이상 맞벌이 유지
	교육 자금 자녀(1명) 학원비부터 대학 등록금까지	이상적 ☐ 만 족 ☑ 최소한 ☐	192 개월 (10년 후부터)	85(매월)	15년 이상 맞벌이 유지
	노후 소득 월 소득 250만 원 (현재가치 기준)	이상적 ☐ 만 족 ☐ 최소한 ☑	192 개월 (10년 후부터)	250(매월)	국민연금, 퇴직금, 개인연금 외 임대 소득 월 100만 원
	오아시스 자금 매월 250만 원 (현재 가치 기준)	이상적 ☐ 만 족 ☐ 최소한 ☑	매년	250	여행, 명절, 계절 의류비 등 비정기 지출
추가 목표	대학원 학업 비용 (2년간 1640만 원)	이상적 ☐ 만 족 ☐ 최소한 ☑	30 개월	1640	학자금 대출 후 2년간 분할 상환

※요구사항은 필수 기재 아님

(단위: 만 원)

	내용	목표 수준	기간	필요 금액	요구사항
필수 목표	결혼 자금	이상적 ☐ 만 족 ☐ 최소한 ☐	개월		
	주택 자금	이상적 ☐ 만 족 ☐ 최소한 ☐	개월		
	교육 자금	이상적 ☐ 만 족 ☐ 최소한 ☐	개월		
	노후 소득	이상적 ☐ 만 족 ☐ 최소한 ☐	개월		
	오아시스 자금	이상적 ☐ 만 족 ☐ 최소한 ☐	매년		
추가 목표		이상적 ☐ 만 족 ☐ 최소한 ☐			
		이상적 ☐ 만 족 ☐ 최소한 ☐			
		이상적 ☐ 만 족 ☐ 최소한 ☐			

※요구사항은 필수 기재 아님

월급에서 얼마를 저축해야 할까?

저축과 소비 비율

돈을 벌고 쓰는 사람이라면 누구나 한 달에 얼마나 쓰고 얼마를 모아야 하는지, 그 적정 금액에 대해 의문을 가질 것이다. 현재의 소득이 영원하리란 보장이 없기 때문이다.

저축의 중요성에 대해 이야기하는 사람들은 "돈은 애초에 안 쓰는 것이다!"라고 강조한다. 하지만 사실, 돈은 쓰는 것이다. 다만 '언제 쓸 것인가'라는 시점의 차이만 있을 뿐이다.

쉽게 설명하자면 소비는 '지금 당장 쓰는 돈'을 뜻하고, 저축은 '나중에 쓸 돈'을 의미한다. 현재의 소득이 언제까지 보장되지 않으므로, 미래의 소비에 대비하기 위해 저축을 하는 것이다. 다만 그렇다고 해서 미래의 행복을 위해 지금의 행복을 갉아먹을 수는 없으므로, 소비와 저축 사이에 적절한 균형을 두는 지혜가 필요하다.

지금 얼마만큼의 돈을 써도 되는 걸까?

앞서 우리는 자신이 한 달 동안 쓰고 모으는 현금의 흐름을 파악해보았다. 그리고 이를 통해 월 소득 대비 소비성 지출 금액이 몇 퍼센트를 차지하는지 보여주는 '소비율'을 대략적으로 가늠해보았다.

대부분의 사람들이 현재의 높은 소비율을 앞으로 점차 줄여나갈 수 있을 것이라 생각한다. 지금의 소비를 유지하는 대신, 소득이 더 늘어날 것이라고 믿기 때문이다. 물론 경력이 쌓이고 나이가 들면 월급과 같이 매월 발생하는 소득의 양은 늘어날 것이다. 하지만 소득이 오르는 속도보다 소비량이 훨씬 더 빠른 속도로 늘어나기 때문에 시간이 지나도 소비율이 줄어드는 경우는 거의 없다. 즉, 지금보다 돈을 더 벌게 되면 그만큼 쓰는 양도 더 많아진다는 뜻이다. 따라서 상대적으로 소득이 적은 지금부터라도 소비율을 적정 수준에 맞춰두지 않으면, 소득이 늘어나도 더 많이 저축하지 못할 것이다.

다음에 제시한 표는 라이프타임별 적정 소비율이다. 현재 자신의 상

	사회초년기		결혼 및 활동기		자녀 양육기		은퇴 준비기	
	25세 미만	25~29세	30~34세	35~39세	40~44세	45~49세	50~54세	55세 이상
소비율	30% 미만	30~40% 미만	35~45% 미만	40~50% 미만	50~60% 미만	60~70% 미만	70~80% 미만	80~90% 미만
저축율	70% 이상	60% 이상	55% 이상	50% 이상	40% 이상	30% 이상	20% 이상	10% 이상

황에 대입해보고, 소비율이 높은지 낮은지를 확인해보자.

부부와 달리 혼자 모든 것을 해결해야 하는 1인 가구는 생활 여건상 재무 구조에서 소비액이 절대적으로 높을 수밖에 없는 상황이다. 예를 들어 미혼으로서 독립하여 혼자 거주하는 경우, 월세를 부담한다거나 주기적으로 부모님께 생활비를 드리는 등 여러 가지 부득이한 이유로 고정지출이 발생하기 마련이다. 따라서 1인 가구는 앞서 제시한 적정 소비율을 그대로 따르긴 어렵겠지만, 최대한 가깝게 맞추려고 조정하는 노력을 해야 한다.

적정 소비율에 맞춰 현금 흐름을 통제하고 관리하기 위해서는 먼저 자신의 소비율을 높이는 주요 원인이 무엇인지부터 확인해보아야 한다. 자신의 월 현금 흐름 구성표를 다시 살펴보면서, 과도하게 소비율을 높이는 항목이 무엇인지 체크해보자. 고정지출과 변동지출 중에서 가장 비중이 높은 항목이 무엇인지, 연간 비정기 지출에서 쓸데없이 새어나가는 항목이 무엇인지를 꼼꼼히 확인해보는 것이다. 그리고 난 후 각각의 항목 중 가장 먼저 줄일 수 있는 소비 항목을 골라 다음 달부터 과감히 줄여보도록 하자. 소비와 저축의 불균형을 해소하는 첫걸음은 자신의 소비율을 높이는 주원인이 무엇인지를 정확히 파악하는 데에서부터 시작한다.

저축하지 않는 모든 돈은 소비다

저축 관리

　직장 생활 8년 차에 접어든 김연웅(미혼·35세) 씨는 운동을 즐겨하는 만능 스포츠맨이자, 사람들과의 모임을 좋아하는 활달한 성격의 소유자다. 그는 운동이나 각종 모임 약속으로 자칫 소비가 과해질 수 있는 점을 의식해, 몇 년 전부터는 돈이 많이 들지 않는 자전거나 조깅 같은 운동을 즐겼고, 가계부도 꼬박꼬박 쓰고 있다. 한 달 생활비 예산을 정해서 되도록 철저히 지키려고 한 지도 벌써 8년이 다 되어간다.

　연웅 씨의 월 현금 흐름 구성을 살펴보고 계산해본 결과 그의 소비율은 33%로, 라이프타임별 적정 소비율보다 훨씬 낮은 수준이었다. 앞으로도 이렇게 관리가 잘 이루어진다면 비교적 짧은 시간 안에 큰 목돈을 모을 수 있을 것으로 보였다.

　그런데 그의 월 현금 흐름에서 이상한 점 하나가 발견되었다. 비교적 낮은 소비율을 고려했을 때 기대할 수 있는 저축률이 67% 정도인 반면, 연웅 씨의 실제 저축률은 그보다 훨씬 낮은 42%였던 것이다. 즉, 월 소득의 25%인 127만 원가량을 매달 추가로 저축할 수 있음에도, 그 돈이 목적을 잃은 채 통장을 떠다니고 있었다. 연웅 씨의 127만 원처럼 소비와 저축에 쓰이지 않은, 소속이 불분명한 돈을 가리켜 '잉여소득'이라고 부른다.

저축하지 않은 모든 돈은 소비가 된다

잉여소득이란 만일의 상황을 대비해 쓰지 않고 남겨놓은 돈을 뜻한다. 월 소비 예산을 정해두어도 대부분의 사람들이 그 한도를 넘겨서 돈을 쓰기 때문에, 현금이 부족할 상황을 대비해 이처럼 '저축하지 않는 돈'을 남겨두는 것이다. 연웅 씨의 경우 월 예산을 정해두고 돈을 썼음에도 불구하고 127만 원이라는 큰 잉여소득을 남겨두었다. 그 이유를 물어보니, 얼마 전 공부를 시작한 주식 투자 때문이라고 했다.

과거에 그는 대부분의 현금을 정기적금에 저축해두었는데, 주식을 시작하고부터는 투자 비용이 언제 얼마만큼 필요할지 알 수 없어서 매달 큰 금액의 잉여소득을 남겨두었다고 했다. 그렇다면 최근 1년 동안 매월 127만 원씩 남겨두었던 1524만 원이라는 돈은 연웅 씨의 통장에 고스란히 남아 있을까?

안타깝게도 그 돈은 현재 전혀 남아 있지 않다. 별도로 남긴 돈이라는 생각에 계획하지 않았던 물건을 충동적으로 사들이거나, 비정기적인 이벤트성 소비로 지출하고 만 것이었다. 마치 여유 자금처럼 쓰더라도 크게 문제되지 않는다고 느껴지는, 이 목적 없는 돈은 충동성 소비에 모두 동원되었고, 소비의 횟수가 늘어나자 씀씀이도 커졌다.

연웅 씨의 잉여소득처럼 구체적인 목적이 정해지지 않은 채 통장에 그대로 남아 있는 돈은 마치 손에 쥔 모래알들 같아서 분명 어디론가 사라지고 만다. 결국 소비의 제물이 되고 마는 것이다.

지금 우리가 소비하는 돈은 결코 이번 달에 사용한 금액만이 아니다. 저축하지 않는 모든 돈이 곧 소비라는 사실을 명심해야 한다.

4개 통장의 비밀

물론 비상사태를 대비해 약간의 잉여자금은 필요하다. 하지만 고정지출의 2~3개월분 이상에 달하는 금액을 잉여소득으로 남겨두어서는 안 된다. 통장에 목적 없이 남아 있는 돈은 정해진 소비 예산보다 돈을 더 쓰게 만드는 주요 원인이 된다. 따라서 예비자금 통장을 별도로 두어 자신이 정한 잉여자금을 넣어두고, 나머지 금액은 모두 저축해 당장 사용 가능한 돈을 없애야 한다. 즉, 월급에서 잉여소득을 '0원'으로 만들어야 한다. 그렇다면 잉여소득을 효과적으로 없애기 위해서 어떻게 해야 할까?

잉여소득을 없애고 적정 소비율에 따라 돈을 관리하기 위해서는, 일단 월급이 들어오자마자 저축부터 하는 '선 저축 습관'을 들여야 한다. 많은 사람이 소비를 줄여서 저축을 늘리는 방법을 물어보는데, 그런 일은 사실상 불가능하다. 이미 습관화된 소비를 애써 줄이는 것보다는 먼저 강제적으로라도 저축을 시작해야 소비가 줄고 돈이 불어난다.

선 저축 습관을 기르기 위해서는 '월급 통장' 외에 '소비 통장' '예비 자금 통장' 비정기 지출에 쓰이는 '오아시스 통장'까지 총 네 개의 통장을 활용해야 한다. 이를 '4개 통장 시스템'이라고 하는데, 아래 표를 통해 각각의 통장이 갖는 목적과 용도, 적정 수준의 잔고를 알아보자.

구분	평균 잔액	용도
월급 통장	0원 ~ 월 소득	월급 수령, 저축 및 보험 자동이체, 각종 계좌로 송금 역할
소비 통장	'라이프타임별 적정 소비율' 참고	평월 소비 예산 보관, 카드 대금 및 현금 인출
예비 자금 통장	고정지출의 3개월치 현금	보너스 · 상여금 등 예비 자금 보관
오아시스 통장	월 소득의 100% 미만	여행 · 이벤트 등 비정기 지출 보관

각 통장의 용도와 적정 예산을 이해했다면, 자신의 재무 상황에서 어떻게 적용하고 나누어 저축을 유지할 수 있을지 정리해보자. 그다음에 알아야 할 것이 바로 네 개의 통장 활용법이다.

우선 월급날에 급여가 월급 통장으로 입금되면, 가장 먼저 소비 통장으로 소비 예산을 송금해야 한다. 그 달의 소비는 무조건 소비 통장의 잔고 안에서만 이루어지도록 한다.

그다음으로는 오아시스 통장으로 연간 비정기 지출 예산의 12분의 1만큼 매월 송금한다. 연간 비정기 지출이란 앞서 설명했듯이 명절 비용이나 여행 비용 등 매달 이루어지지 않는, 특별한 소비를 말한다.

예비비에 해당하는 돈은 예비 자금 통장으로 이체한다. 이때 예비 자금 통장의 전체 잔고가 고정지출의 3개월치 금액을 넘기지 않도록 정해야 한다. 만약 어느 달에 소비 금액이 예산을 초과했다면, 이 예비비를 소비 통장으로 이체해 사용하도록 한다. 또 매달 이루어지는 소비가 아닌 여행, 이벤트 등의 특별 소비가 발생한 경우에는 오아시스 통장에서 인출해 쓰도록 한다.

선 저축 습관을 들이고 네 개의 통장을 잘 활용한다면, 소비를 스스로 통제할 수 있게 되어 저축이 더 쉬워질 것이다. 그러면 자연히 이전보다 더 빠르게 돈을 모을 수 있다.

이제 네 개의 통장과 각각의 현금 흐름을 정리해보기 위해 다음의 표에 직접 예산을 계획하여 작성해보도록 하자(155페이지 참고).

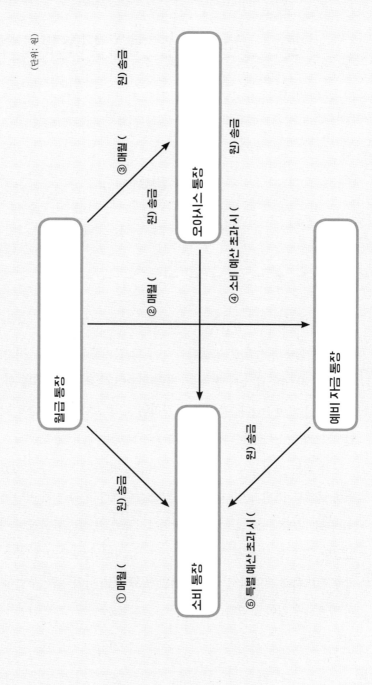

(단위: 원)

월급 통장

① 매월 ( )원 송금

소비 통장

② 매월 ( )원 송금

③ 매월 ( )원 송금

용아시스 통장

④ 소비 예산 초과시 ( )원 송금

⑤ 특별 예산 초과시 ( )원 송금

예비 자금 통장

목적 없는 저축도 결국 소비다

저축 목적

얼마 전 나와 재무 상담을 한 12년 차 직장인 공영철(40세 · S푸드시스템) 씨는 꽤 오랜 시간 혼자 살다가 이제 막 결혼한 늦깎이 새신랑이었다. 그는 자신의 월 소득과 지출, 저축 현황이 깔끔하게 정리된 한 장의 종이를 보여주었다. 엑셀로 잘 정리된 표에 숫자가 빼곡하게 적혀 있어, 그가 평소에 얼마나 돈 관리를 철저히 했는지 알 수 있었다.

영철 씨는 매월 250만 원이 넘는 돈을 꼬박꼬박 저축하고 있었고 소비 금액도 15만 원이나 30만 원처럼 대략적으로 적는 게 아닌, 5만 3450원, 30만 1150원처럼 1원 단위까지 꼼꼼히 적는 습관을 가지고 있었다. 적은 돈도 허투루 쓰지 않는 자세, 자신의 월 소득과 지출 현황을 완벽하게 파악하고 있다는 점만 봐도 그는 나의 재무 조언이 전혀 필요하지 않아 보였다.

그런데 영철 씨의 재무 현황을 유심히 보니, 문제점 하나를 발견할
수 있었다. 매월 저축하는 금액에 비해 현재 자산이 전혀 많지 않다는
것이었다. 문제의 원인을 파악하기 위해 그의 월 현금 흐름 내역과 현
재 자산을 만 원 단위로 정리해 살펴보았다.

월 정기 소득 410만 원(세후, 연간 평균 상여금 1800만 원)
= 월 평균 소득 560만 원

① 월 현금 흐름	금액
생활비(월 예산):	120만 원
부모님 용돈:	30만 원
자동차 할부금:	48만 원
운동·학원:	20만 원
저축:	250만 원
잉여소득:	92만 원

② 현재 자산	금액
예·적금:	1575만 원
전세 보증금(대출 제외):	1억 5000만 원
적립식 펀드:	1700만 원
청약저축:	600만 원
개인연금:	1800만 원
빌려준 돈:	3000만 원
합계:	2억 5675만 원
	(현금 외 자동차 포함)

영철 씨가 매달 평균적으로 사용하는 소비액의 총합은 218만 원으로 전체 소득의 39% 정도였지만, 잉여소득은 92만 원으로 꽤 높은 편이었다. 이 돈은 해외여행 등 연간 비정기 지출로 대부분 사용되었으므로, 엄밀히 말해 그의 소비율은 소득 대비 55% 정도였다. 물론 그렇다고 해도 라이프타임별 적정 소비율에 근접한 수치였고, 저축액은 평균보다 훨씬 더 많은 편이었다. 나는 그에게 언제부터 매월 250만 원씩 저축했는지를 물었다. 그는 신입사원 때부터 월급의 최소 60%를 저축해왔고, 200만 원 이상의 금액을 저축하기 시작한 건 5년 전부터라고 대답했다. 시기와 금액을 정확히 기억해 막힘없이 대답하는 그를 보며, 역시 그가 자신의 현금 흐름을 철저히 관리하고 있음을 알 수 있었다.

나는 그에게 지난 12년 동안 직장 생활을 하며 받은 총 급여와 상여금이 얼마나 되는지를 물었다. 그는 휴대하고 있던 태블릿 PC를 꺼내 잠시 확인한 후 거의 정확한 금액을 말했다.

12년간 그의 총 소득은 약 6억 3000만 원이었다. 만약 그가 한 말대로 그동안 매월 꼬박꼬박 저축을 해왔다면, 현재 그의 자산은 적어도 3억 8000만 원은 되어야 했다. 대체 그가 번 돈은 어디로 증발해버린 걸까?

나는 왜 저축을 하는가

만약 영철 씨가 비싼 외제차를 구입했거나 병에 걸려 아주 큰 지출을 치러야 했다면, 높은 저축률 대비 현재 자산이 적을 수는 있다. 하지만 그는 지금껏 그런 적이 없다고 말했다. 그러면서 다소 심각한 표정으로 한숨을 쉬며 이렇게 말했다.

"그렇지 않아도 최근에 특히 결혼을 준비하면서 돈에 대한 고민이 깊어졌습니다. 나름대로 열심히 모은다고 모았는데 제대로 모으지 못한 것 같아서요."

심지어 그는 평소에 술, 담배도 전혀 하지 않을 만큼 자기관리가 철저한 사람이었다. 다만, 그가 딱 하나 돈을 아끼지 않고 투자하는 영역이 있다고 했다. 사실 그는 어떤 분야든 신제품이 나오면 가장 먼저 구매하고, 사용 후기를 작성해 공유해야만 직성이 풀리는 '얼리어답터Early Adopter'였던 것이다.

영철 씨는 외식비나 유흥비 같은 소비성 자금은 매우 아끼는 편이었다. 그러나 전자제품이나 고급 운동기구 등 목돈이 한꺼번에 들어가는 소비에는 과감히 지갑을 열었다. 저축은 많이 했으나, 그 돈이 확실한 목적(결혼 자금 혹은 주택 구입 자금 등)을 위해 재투자된 것이 아니었기 때문에 충동적인 소비에 사용된 것이었다. 이런 식으로 저축이 이루어지다 보니 결국 모으다 깨는 식이 반복되어, 실제로는 기대할 만한 수준의 목돈을 모으지 못한 것이었다.

뚜렷한 목적 없이 들어둔 적금의 만기일이 다가오면, 멀쩡했던 자동차의 시동 소리가 유난히 크게 들린다. 또 어제까지 잘 쓰던 노트북도 왠지 낡아 보이고, 오류도 빈번하게 나는 것 같이 느껴진다. 평소에 관심도 없었던 신형 냉장고나 세탁기가 눈에 들어오고, 마침 신상품으로 나온 가방의 광고가 머릿속을 떠나지 않는다. 이처럼 뜻밖의 목돈이 생겼을 때, 누구나 한 번쯤은 충동적으로 소비를 해본 경험이 있을 것이다.

만약 자신이 저축하는 금액에 비해 모인 돈이 빈약하다고 생각되면, 자신이 무엇을 위해 저축하는지 그 목적부터 확인해보아야 한다. 목적 없는 저축은 반드시 가까운 시일 안에 모두 소비로 전락하고 말 것이다. 그러니 결혼 자금, 주택 마련, 노후 준비 등 당장 필요한 돈으로 여겨지지 않을지라도 저축의 목적을 분명히 해둘 필요가 있다.

실제로 저축의 목적은 크게 두 가지로 나뉜다. 첫째, 언젠가 목돈이 꼭 필요한 시기에 당황하지 않고 그때를 잘 넘기기 위해서이다. 즉, 미래에 발생할 큰 소비를 대비하기 위함이다. 둘째, 언젠가 소득이 끊기는 날을 준비할 자산을 마련하기 위함이다.

당신은 무엇을 위해 저축하는가? 목적이 확실하게 정해진 목돈은 미래의 당신에게 가장 든든한 버팀목이 되어줄 것이다.

단기는 금리형, 장기는 투자형

저축 방식

정기적인 월 소득으로 생활하는 직장인들에게 목돈을 한 번에 마련할 수 있는 기회란 좀처럼 찾아오지 않는다. 그래서 일단은 매월 발생하는 소득 중 일부를 떼어 열심히 저축하는 수밖에 없다. 꾸준한 저축을 통해 목돈이 만들어지면, 그 이후부터는 돈을 크게 불리는 투자다운 투자가 가능해진다.

목돈을 만들기 위한 저축 방법은 크게 두 가지로 나뉜다. 첫째는 은행 적금과 같은 '금리형 저축'이고, 둘째는 펀드를 활용한 '투자형 저축'이다. 투자형 저축은 은행이나 증권사에 펀드를 맡기고, 투자로 얻은 이익이 계약된 내용에 따라 입금되는 상품을 말한다. 일정 비율의 이자가 고정적으로 들어오는 금리형 저축과 달리, 이자가 그때그때 달라진다는 특성이 있다.

금리형 저축과 투자형 저축 중 어떤 상품을 선택할지는 각자의 재무 상황에 따라 다르겠지만, 그전에 자신의 투자 성향을 파악해두는 일이 선택에 큰 도움이 된다. 일반적으로 투자 성향은 '안정형' '안정추구형' '위험중립형' '적극투자형' '공격투자형' 등 다섯 가지로 구분된다. 각 유형의 특징을 살펴보면 다음과 같다.

안정형

예금이나 적금 수준의 비교적 낮은 수익률을 기대하며, 투자 원금이 손실되는 일을 원하지 않는다. 안정형은 예·적금과 원금 손실의 우려가 적은 상품(CMA, MMF)에 투자하는 것이 좋다.

안정추구형

투자 원금의 손실 위험을 최소화하고, 이자 소득이나 배당 소득 수준의 안정적인 투자를 목표로 한다. 단, 수익을 위해 단기적인 손실을 수용할 수 있으며 예·적금보다 높은 수익을 위해 자산 일부를 변동성 높은 상품에 투자할 의향이 있다. 안정추구형은 채권형 펀드를 고르는 것이 좋으며, 그중에서도 장기회사채 펀드가 좋다.

위험중립형

투자에는 그에 상응하는 위험이 있음을 충분히 인식하고 있으며, 예·적금보다 높은 수익을 기대할 수 있다면 일정 수준의 손실 위험을 감수할 수 있다. 위험중립형은 적립식 펀드나 주가 연동 상품처럼 중위험 펀드로 분류되는 상품을 선택하는 것이 좋다.

적극투자형

투자 원금의 보전보다는 위험을 감수하더라도 높은 수준의 투자 수익을 추구한다. 투자 자금의 상당 부분을 주식, 주식형 펀드, 파생 상품 등 위험 자산에 투자할 의향이 있다. 적극투자형은 국내외 주식형 펀드와 원금비보장형 주가연계증권(ELS)과 같은 고수익 · 고위험성 상품에 투자하는 편이 좋다.

공격투자형

시장의 평균 수익률을 훨씬 넘어서는 높은 수준의 투자 수익을 추구하며, 이를 위해 자산 가치의 변동에 따른 손실 위험도 적극 수용한다. 투자 자금의 대부분을 주식, 주식형 펀드, 파생 상품 등의 위험 자산에 투자할 의향이 있다. 공격투자형은 주식 비중이 70% 이상인 고위험 펀드를 선택하고, 자산의 10% 정도는 직접 투자(주식)하는 것을 고려해볼 만하다.

펀드를 주로 활용하는 투자형 저축은 원금이 손실될 수 있다는 위험을 안고 있으므로, 안정형이나 안정추구형의 투자 성향을 가진 사람들은 피하는 편이 좋다. 위험중립형 성향의 경우, 저축의 일부를 투자형 저축으로 활용하고, 공격투자형 성향은 투자형 저축에 높은 비중을 두기를 권한다.

자신의 투자 성향을 고려하는 것뿐만 아니라, 투자 기간에 따라서도 저축 방식을 달리해야 한다. 1~2년 정도의 단기 투자라면, 투자형 저축을 활용하지 않는 편이 좋다. 3~5년 정도의 중기 투자를 고려하고 있다면, 위험중립형 성향과 마찬가지로 저축액의 일부 비중을 투자형 저축으로 활용하고, 5년 이상의 장기 투자라면 저축액의 높은 비중을 투자형 저축으로 두어야 한다. 즉, 단기간은 금리형, 장기간은 투자형이라는 큰 틀 안에서 저축 계획을 세워야 한다.

투자 성향	투자 기간	투자형 저축 비중
안정형·안정추구형	3년 미만 단기	0%
	3~5년 미만 중기	20%
	5년 이상 장기	30%
위험중립형	3년 미만 단기	0%
	3~5년 미만 중기	30%
	5년 이상 장기	50%
적극투자형·공격투자형	3년 미만 단기	30%
	3~5년 미만 중기	50%
	5년 이상 장기	50%

하지만 꽤 많은 사람이 1년 뒤에 당장 추가로 필요한 전세 자금이

나 2년 안에 준비해야 하는 결혼 자금을 마련하기 위해 투자형 저축을 선택하는 반면, 수십 년 후의 노후를 대비하는 저축으로는 금리형 적금을 활용하고 있다. 이런 선택은 저축을 활용한 기본 투자 방식에 반대되는 방향이므로 반드시 재고할 필요가 있다.

아주 쉽고 간단하게 돈을 아끼는 방법

소비 예산

라이프타임별 적정 소비율을 잘 유지하기 위해서는 합리적인 소비를 해야 한다. 그렇다면 대체 합리적인 소비란 무엇일까? 답은 간단하다. 자신의 소득과 목표에 부합하는 소비를 뜻한다. 그리고 합리적인 소비를 논하기에 앞서, 우리가 가진 소비에 대한 고정관념부터 짚고 넘어갈 필요가 있다.

흔히 사람들은 돈을 많이 쓰면 행복해지고, 돈을 적게 쓰면 불행해질 것이라 생각한다. 물론 당장 쓸 수 있는 돈이 줄어들면 누구도 달갑게 생각하지 않을 것이다. 하지만 우리 모두가 알고 있듯 돈과 행복은 결코 정비례 관계가 아니다. 돈이 행복을 결정 짓는 중요한 요소임엔 틀림없으나, 돈을 얼마나 잘 관리하고 적절히 다루느냐에 따라 돈을 통해 느낄 수 있는 행복의 크기도 달라지기 마련이다.

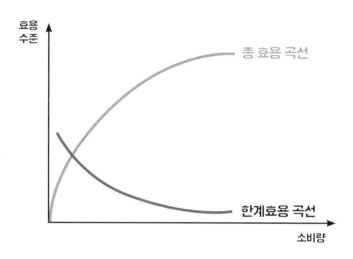

효용
수준

총 효용 곡선

한계효용 곡선

소비량

경제학의 기본 원리 중 '한계효용체감의 법칙'이라는 말이 있다. 이는 소비를 하나씩 늘릴 때마다 효용(행복이나 만족도)의 증가폭이 계속 줄어든다는 것을 의미한다. 다시 말해 소비를 늘리면 효용의 총량 자체는 늘어나지만, 소비 하나하나마다 늘어나는 효용의 양(한계효용)은 앞과 비교해 오히려 줄어든다.

쉽게 예를 들어 설명해보자. 세 개의 귤이 있고 이 귤을 모두 먹었을 때, 가장 맛있다고 느껴지는 귤은 제일 처음 먹은 귤이다. 하나를 먹고 이어서 두 번째, 세 번째 귤을 연달아 먹으면 첫 번째에 먹었던 것만큼 맛있다는 느낌을 받지 못하는데, 이것이 바로 효용이 줄어든다는 것을 의미한다. 만약 세 개의 귤을 한꺼번에 먹지 않고 시간 차이를 두어 먹는다면, 아마도 각각의 귤 모두에서 첫 번째 귤을 먹을 때와 같은 맛을 느낄 수 있을 것이다.

귤을 나누어 먹음으로써 각각의 맛을 최대로 느끼는 것처럼, 소비의 간격도 적절히 조절하면 동일한 양의 소비를 하고도 매번 높은 효용을 경험할 수 있다. 소비의 간격을 조절해주는 장치가 제 역할을 잘한다면 적게 소비하고도 높은 효용을 얻을 수 있다는 뜻이다.

그렇다면 소비를 조절해주는 장치란 무엇일까? 바로 우리가 미리 세워둔 '소비 예산'이다. 귤 세 개를 충동적으로 한꺼번에 먹어버리는 게 아니라, 한 개씩 각각의 맛을 느끼도록 해주는 마법이 바로 소비 예산인 셈이다. 명확한 소비 예산을 세우고 있는 사람은 무절제한 소비를 스스로 제어할 수 있고, 또 소비를 적게 하더라도 크게 불편함을 느끼지 않는다.

많은 사람이 번거롭다는 이유로 소비 예산 세우는 일을 게을리 한다. 무언가에 얽매여 나의 경제적 자유를 옥죄는 일로 간주하기 때문이다. 하지만 실제로 소비 예산을 정해두지 않으면 오히려 돈을 쓸 때마다 걱정과 우려를 느끼게 된다. 즉, 충동적으로 마구 소비를 하고 난 후 원인 모를 심리적 죄책감에 사로잡힌다는 것이다.

하지만 명확한 소비 예산을 세워두면 이런 부정적인 감정을 느낄 일이 전혀 없다. 예산 안에서만 사용하기 때문에, 오히려 주체적인 경제적 자유를 느낄 수 있다. 결국 소비 예산이란 자유로움을 방해하는 것이 아니라, 현재 자신의 상황에 맞는 경제적 자유를 선사하며 소비를 할 때마다 높은 만족을 경험하게 하는 놀라운 장치다.

별다방 커피를 세상에서 가장 맛있게 마시는 사람

세미나에서 만난 박예림(미혼·33세) 씨는 내가 본 사람 중 가장 특별하고 재미있는 소비 예산을 세운 사람이었다. 그녀는 아주 세부적이고 어쩌면 복잡하기까지 한 열 가지 소비 예산 항목을 세우고 있었다. 보통 사람들은 한 달에 100만 원씩 뭉뚱그려서 소비 예산을 잡거나, 고정지출 30만 원에 카드값 70만 원이라는 식으로 대략 정하고는 하는데, 그녀의 소비 예산 항목은 매우 구체적이었다(170페이지 참고).

그녀가 매우 작은 항목까지 쪼개어 소비 예산을 사용할 수 있었던 건, 돈을 쓰는 즉시 자동으로 기록이 남는 가계부 애플리케이션 덕분이었다. 그녀처럼 예산을 잘게 나누어 사용하면 예정에 없던 비용을 갑자기 많이 쓰게 되는 '오버슈팅Overshooting(초과량)'을 줄일 수 있고, 더 쓰고 후회하는 '소비 염려증'도 사라져서 삶에 높은 만족도를 느낄 수 있다.

예림 씨의 소비 예산 항목 중에서 가장 눈에 띄는 항목은 바로 '별다방비'다. 별다방의 열혈 마니아인 그녀는 일주일 내내 출퇴근 시간뿐만 아니라 주말까지, 심하게는 한 주에 10회 이상씩 별다방에 들러 커피를 사먹었다고 했다. 그러던 어느 날 커피값으로 지출되는 비용에 심각성을 느끼고는, 예산을 정해 커피를 마시는 습관을 들였다고 했다. 말 그대로 '습관처럼 드나들었던' 별다방 출입을 습관으로써 스스로 제한한 것이었다.

월 소비 예산: 월 135만 원	
교통·통신비(카드 결제)	15만 원
식비	15만 원
학원	7만 원
기부금	4만 원
고정지출 예산 계:	41만 원
① 외식비	25만 원
② 별다방비	4만 원
③ 간식비	8만 원
외식 예산 계:	37만 원
④ 공연 관람(음원 사이트 이용료 포함)	5만 원
⑤ 도서 구매(전자책 포함)	7만 원
문화생활 계:	12만 원
⑥ 계절 의류(겨울 제외)	15만 원
⑦ 기타 소모품	10만 원
⑧ 예비비(쇼핑·선물 등)	5만 원
쇼핑 계:	30만 원
⑨ 유흥비	10만 원
⑩ 예비비(경조사비 포함)	5만 원
기타 계:	15만 원

놀랍게도 그녀는 별다방 출입 횟수를 줄인 뒤, 오히려 커피맛과 가치가 그전과는 비교할 수 없을 만큼 좋게 느껴졌다고 고백했다. 끼니마다 밥 먹듯 마셨던 커피에서는 느낄 수 없었던 커피의 풍미를 더욱 풍부하게 느끼게 되었고, 커피를 마시기에 딱 좋다고 느끼는 자신만의 시간까지 생겼다고 했다. 소비를 줄임으로써 효용은 더 높아진, 즉 한계효용체감의 법칙을 아주 잘 설명한 사례라고 할 수 있다.

당신에게도 예림 씨처럼 쉽게 제어할 수 없는 습관성 소비 항목이 있는가? 만약 있다면 어떻게 제어할 수 있겠는가? 한계효용체감의 법칙을 누리기 위해 나의 소비 예산 항목을 직접 작성해보고 개선점을 찾아보자(172페이지 참고). 다만 소비 예산은 앞서 소개한 라이프타임별 적정 소비율을 고려한 수치여야 한다. 그리고 어떤 항목에서 돈이 남는다면, 같은 카테고리 안에서 다른 용도로 사용하는 정도의 유연함을 갖춰야 스트레스 받지 않고 소비를 줄일 수 있음을 기억하자.

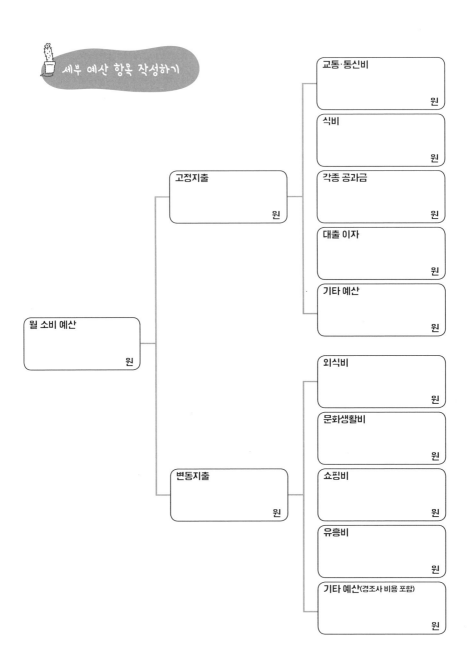

세부 예산 항목 작성하기

교통·통신비
원

식비
원

각종 공과금
원

대출 이자
원

기타 예산
원

고정지출
원

월 소비 예산
원

외식비
원

문화생활비
원

쇼핑비
원

유흥비
원

기타 예산(경조사 비용 포함)
원

변동지출
원

일상은 바쁘게, 휴일은 게으르게

균형 있는 소비

최근 전 세계적으로 일Work과 삶Life의 균형Balance, 즉 '워라밸'에 대한 관심이 높아지고 있다. 그러면서 자연히 나를 위한 소비와 여가 시간에 대한 고민도 함께 깊어졌다. 사실 일과 삶의 밸런스를 제대로 유지하기 위한 가장 좋은 방법은 평일과 휴일의 라이프 스타일을 완전히 다르게 짜는 것이다. 즉, 평일은 매우 바쁘게 일하며 보내는 대신 휴일은 천천히 게으르게 쉬면 된다는 뜻이다.

그런데 요즘 사람들을 보면 대부분 평일보다 주말에 더 바빠 움직인다. 마치 어떤 미션을 수행하듯 해야 할 일을 계획해 정신없이 주말을 보낸다. 맛집을 찾아다니고 쇼핑을 하러 다니느라 소비는 점점 더 늘어나고, 제대로 된 휴식을 취하지 못해 일할 땐 쉴 생각, 쉴 땐 일 걱정을 하며 불편한 마음을 안고 살아간다.

물론 소비를 제어하고 줄이기 위함도 있겠지만, 워라밸을 유지하고 내 삶을 더 가치 있는 활동으로 채우기 위해서는 휴일만큼은 바쁜 걸음을 멈추고 내 인생이 어떤 시간들로 채워지고 있는지 돌아볼 필요가 있다.

나의 일주일은 어떤 시간들로 채워져 있을까?

무려 168시간에 달하는 일주일 동안 나는 어떤 일에 시간과 돈을 쏟아붓고 있을까? 다음에 제시된 그림을 통해 일주일간의 라이프 컴포지션Life composition을 작성해보자(175페이지 참고).

여기에 쓴 라이프 컴포지션을 보면 자신의 소비 성향을 알 수 있다. 여가 시간을 어떻게 보내는가에 따라 소비의 규모와 예산의 방향이 정해지기 때문이다.

워라밸을 추구하는 사회 분위기 속에서 많은 사람은 '늘어난 여가 시간만큼 소비도 늘어나게 되었다'라고 오해 아닌 오해를 하고 있다. 심지어 돈이 없어서 자신은 남들처럼 여가도 즐기지 못한다고 말하는 사람도 있다. 왜 꼭 여가 활동에 돈이 필요한 걸까? 이런 오해를 불러 온 근본적인 원인은 무엇일까?

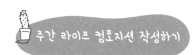
주간 라이프 컴포지션 작성하기

예시)

휴식
72시간(42.8%)
수면, TV 시청
낮잠, 명상

자기계발
14시간(8.3%)
세미나 참석, 강연,
연구, 영어 공부

여가
10시간(6%)
반려견 산책, 외식,
가족 모임,
스포츠 관람

일
48시간(28.5%)
강의, 집필, 연구

종교
12시간(7.1%)
예배, 스터디 모임

운동
9시간(3.5%)
근력 운동,
4km 걷기

모임
3시간(1.8%)
친구, 동료

_____
___시간 (%)

_____
___시간 (%)

_____
___시간 (%)

_____
___시간 (%)

_____
___시간 (%)

_____
___시간 (%)

_____
___시간 (%)

인생의 행복을 위해 꼭 필요한 시간

여가 시간을 보내는 유형은 크게 두 가지로 나뉜다. 우선 '무한도전형 스타일'이 있다. 그들은 평일에 하지 못했던 일들을 리스트로 작성해 주말과 휴일 동안 모두 해치운다. 그럼으로써 휴일을 알차게 보냈다며 보람을 느낀다. 그들은 주로 여행을 떠나거나 핫 플레이스를 찾아다니며 맛있는 음식을 먹는다. 이런 삶의 방식은 과소비를 부르는 가장 큰 원인이 된다. 좀 더 재미있는 일, 더 맛있는 음식 등 일시적인 만족만을 좇다 보면, 그 기대치가 계속 높아져 더 큰 소비로 이어지기 마련이다.

한편, 체험이나 운동을 즐기는 '자기계발형 스타일'의 사람들도 있다. 그들은 무언가를 사고 먹는 것을 즐기기보다는 앞으로 자신의 삶에 도움이 되는 영역들을 찾아서 공부를 하고 경험을 쌓는다. 체력 관리를 위해 산을 오른다거나 각종 강연에 참석해 교양을 쌓고, 멋진 카페에 앉아 책을 읽기도 하는 등 앞으로 자신이 어떻게 살 것인지를 진지하게 고민하며, 미래를 위해 아낌없이 투자한다. 그들은 앞선 '무한도전형 스타일'에 비해 큰돈을 쓰지 않거나 충동적인 소비를 하지 않는 편이다.

이처럼 여가 생활을 즐기는 방식에는 꼭 돈을 많이 쓰는 소비만 있는 게 아니다. 각자의 목적과 방식에 따라 얼마든지 다양한 접근이 가능하다. 중요한 것은, 여가 생활은 인생의 행복을 더하는 데 아주 중요한 시간이라는 사실이다.

행복은 쾌감(재미)뿐만 아니라 안정감(희망)이나 성취감(보람)을 통해서도 느낄 수 있다. 여가 생활은 이 세 가지 요소를 모두 누릴 수 있는 활동으로, 무한도전형 스타일과 자기계발형 스타일은 각각 어떤 요소를 통해 행복을 느끼느냐의 차이가 있을 뿐이다.

현재 자신의 라이프 컴포지션 중 여가 생활에 해당하는 활동은 무엇이 있는지 생각해보는 시간을 가져보자. 그리고 여가 생활로 인해 소비가 높아지는 이유가 안정감이나 성취감보다는 단순한 쾌감(재미)에만 지나치게 치우쳐 있는 것은 아닌지를 스스로 점검해보는 기회를 가져보기 바란다.

내 삶을 풍요롭게 만드는 오아시스 자금

여가비용

여가 생활이 중시되는 사회 분위기에 발맞춰, 직장 내에서도 휴가를 권장하는 문화가 확산되고 있다. 또 최근 얼마 전까지는 주요 국가 통화 대비 원화의 강세가 한동안 이어졌기 때문에 해외여행을 떠나는 인구가 폭발적으로 늘었다. 그런데 이런 해외여행이 많은 젊은이의 돈 관리를 방해하는 원인 중 하나로 지적되고 있다. 평소 소비 예산을 잘 꾸려서 관리하던 사람도, 한두 번의 돌발적인 여행으로 결심과 계획이 무너지는 일이 잦다는 것이다.

여행 비용 항목이 속한 비정기 지출이 제대로 관리되지 못하면, 아무리 1년 내내 지출 관리를 잘해왔다고 하더라도 공든 탑이 한순간에 무너질 수 있다. 또 요즘은 여행을 워낙 자주 가는 추세라, 비정기 지출이 마치 정기 지출처럼 쓰이기도 한다. 그러면 당연히 적정 소비율이 급격히 높아져 자산 관리가 제대로 이루어질 수 없다. 그래서 여행 비용은 반드시 '오아시스 통장'을 마련하여, 그 안에서만 쓸 수 있도록 관리해야 한다.

사막 한가운데에서 만난 오아시스처럼 '오아시스 자금'은 내 삶을 풍요롭고 행복하게 만들어주는 역할을 하지만, 자칫 과소비로 이어질 수 있으므로 적절한 안배와 제한된 규모를 두고 사용해야 한다. 여기서 적절한 안배란 '여행의 간격'을 의미하고, 제한된 규모란 '소득에 걸맞은 여행 예산'을 말한다. 그렇다면 내 소득에 알맞은 여행 예산은 어느 정도일까?

사람마다 처한 경제적 상황이 다르기 때문에 절대적인 기준은 없지만, 대체로 연간 소득의 5~8%가 적당하다. 돈을 모으겠다고 마음먹은 이상 여행 비용은 절대로 연봉의 12분의 1, 즉 한 달 월급에 가까운 금액을 넘어서는 안 된다.

더 뜻깊고 의미 있는 여행을 만드는 오아시스 자금

여행을 계획하는 것은 단순히 가고 싶은 여행지를 고르는 일이 아닌, 얼마만큼의 예산을 사용할지 계획하는 일이다. 따라서 연간 여행 예산의 기준을 명확히 두면, 돌발적인 여행을 자연히 줄일 수 있다. 아울러 사전에 여행을 계획함으로써 항공비와 숙박비를 줄일 수 있어,

가성비 높은 여행을 즐길 수 있다. 지금 바로 아래의 수식을 이용해, 자신에게 맞는 오아시스 자금을 계획해보자.

1. 예산 금액 : _____ (연 소득의 _____ %)

2. 조달 방법 : 일시 전액 입금 (   ) 매월 자동이체 (   )

3. 관리 계좌 : _____

　10년 차 직장인 박한나(미혼·35세) 씨는 바쁜 시간을 쪼개 여행 다니는 일을 인생의 큰 행복으로 여긴다. 연초에 새로 연봉 협상을 하면, 정확히 연봉의 12분의 1에 해당하는 금액을 여행 예산으로 잡는다. 그리고 연초에 지급되는 성과금에서 오아시스 자금으로 잡은 금액을 떼어 오아시스 계좌로 이체시킨다. 오아시스 통장은 CMA·MMF형 상품을 이용하는데, 입출금이 자유롭고 연간 1% 초반대의 수익이 발생한다는 장점이 있다.

　그녀는 사회초년생 시절 여행 경험이 적었을 땐 주로 패키지 여행 상품을 이용했지만, 이제는 스스로 여행지를 찾고 예산 계획을 세우는 자유 여행을 더 선호한다. 또 여행 횟수를 줄이는 대신, 좀 더 철저한 사전 준비로 여행의 만족도를 높이고 있다. 이처럼 오아시스 자금 안에서 여행을 계획하면, 특별한 과소비 없이 여행의 전 과정을 즐길 수 있어 더 뜻깊고 의미 있는 시간을 가질 수 있다.

대출은 얼마나 받아도 괜찮을까?

대출

우리나라 사람들은 유독 대출을 받아 부채를 늘리는 데 매우 익숙해져 있다. 지난 10년간 유례없는 초저금리의 영향으로, 엄청난 통화량의 증가를 경험했고, 이처럼 풍부해진 자금을 적은 비용으로 쉽게 빌려 자산을 키운 사례들이 많았기 때문이다.

하지만 그 결과 전 세계는 높은 인플레이션 압력을 직면하게 됐다. 특히 미국이 완화적 통화 정책을 접고 인플레이션 압력을 제거하기 위해 금리를 올리는 긴축통화정책을 본격화할 예정이어서, 그 속도에 따라 세계 경제에 미칠 인플레이션의 영향은 매우 클 것으로 전망된다.

부채, 즉 대출이란 남의 돈을 빌리는 것으로, 이에 대한 '이자'라는 사용료가 동반된다. 따라서 같은 부채라도, 사용료(이자)를 지불하더라도 빌린 돈으로 얻는 효과가 어떠한가에 따라 '좋은 부채'와 '나쁜 부채'로 나뉜다. 여기서 좋은 부채란 개인의 자산 증식에 도움이 되는 부채를 뜻한다. 이를 흔히 '레버리지 효과Leverage effect'라고 말한다.

예컨대 5억 원짜리 주택을 구입하려고 할 때, 현재 가진 돈이 4억 원뿐이라서 주택담보대출로 1억 원을 빌려 집을 샀다고 가정해보자. 향후 이 주택이 1억 원 이상 값이 오른다면, 대출 받은 돈은 자산 증식에 도움을 준 좋은 부채에 해당한다. 그리고 설사 주택 가격이 오르지 않는다고 해도, 대출 원금은 사라지지 않고 보존된다. 따라서 최악의 경우라도 원금을 상환하지 못할 가능성은 없다.

그렇다면 사업 자금을 위해 돈을 빌리는 경우는 어떨까? 사업의 성공 여부에 따라 대출 원금이 보존되지 않을 수는 있지만, 그래도 이 역시 원금이 사업 운영에 쓰이므로 '일하는 부채'로 간주되어 좋은 부채라고 평가할 수 있다.

반면 생활비가 부족하여 자금을 융통하기 위해 마이너스 통장을 사용하거나, 소비 비용이나 여행 경비를 충당하려고 신용대출을 받는다면, 이는 모두 미래에 그 어떤 자산의 증식에도 도움되지 않고, 원금까지 없어지는 것이기 때문에 나쁜 대출에 속한다. 아울러 전세자금대출 역시 원금이 사라지지 않고 보존되기는 하지만, 자산 증식에는 전혀 도움이 되지 않으므로 과도하게 받은 경우에는 나쁜 대출로 분류할 수 있다.

좋은 부채와 나쁜 부채 비교

구분	좋은 부채	나쁜 부채
레버리지 효과 (자산 증가)	있다	없다
부담 금리	낮다	높다
대출 종류	주택담보대출· 사업자금대출	신용대출·마이너스 통장 과도한 전세자금대출

나쁜 대출은 단 1원도 늘리지 않는다

따라서 나쁜 대출이라고 볼 수 있는 것들은 가능한 단 1원도 늘려서는 안 된다. 반면 좋은 대출은 금리와 부채의 성격, 개인별 상환 능력에 따라 적절히 활용하는 편이 좋다. 다만 자산 증식 효과가 있는 주택담보대출이나 사업 자금 대출일지라도, 현재의 금리와 향후 예상되는 자산의 증가율을 감안하여 적절한 대출 비율을 설정해야 한다.

마이너스 통장은 앞서 설명한대로 자산 증식 효과나 대출 원금 보장이 전혀 안 되는, 대표적인 나쁜 대출이다. 하지만 꽤 많은 사람이 생활비 명목으로 마이너스 통장을 이용하고 있다. 소득이 있는 사람이라면 누구나 쉽게 받을 수 있다는 점과, 언제든지 한도 내에서 대출을 받아 자유롭게 상환할 수 있다는 점, 또 금융기관에서는 원금 상환이 보장된 한도 내에서 대출해주는 것이기 때문에 많은 사람이 마이너스 통장에 손을 뻗고 있고 있는 것이다.

아무 생각 없이 너무 쉽게 마이너스 통장을 쓰면서 '언젠가는 갚을 수 있다'고 생각한다면 이는 큰 오산이다. 실제로 거의 대부분의 사람이 마이너스 통장으로 사용한 금액을 상환하지 못한다. 만약 정말 불가피하게 마이너스 통장을 만들어야 한다면, 사용 금액이 연 소득의 5~20% 수준을 절대 넘지 않도록 해야 한다. 보다 자세히 설명하자면, 이자율이 3% 이하인 경우 대출 한도는 연 소득 20% 이내, 이자율이 5% 이하인 경우는 연 소득의 10% 이내, 이자율이 5% 이상인 경우에는 연 소득의 5% 이내에서만 사용해야 한다.

신용대출은 마이너스 통장에 비해 비교적 큰 금액을 대출받을 수 있고, 일정 기간 동안 원금을 상환하지 않은 채 장기간 보유할 수 있어, 차량 구입 목적과 같은 소비성 자금으로 활용되는 경우가 많다. 이 역시 애초에 절대 이용하는 일이 없도록 하는 게 좋겠지만, 전세 자금이나 긴급 생활 자금 등 일시적인 목돈 부족 현상을 해결하기 위해 부득이하게 받아야 한다면, 상환 계획을 철저히 세우고 연 소득의 20~30% 이내에서만 대출을 받도록 한다.

대출의 종류와 세부 사항 비교

대출 종류	자산 증식 효과	대출 원금 보존	대출 여부
신용 대출·마이너스 통장· 소비성 대출 등	×	×	절대 받으면 안 된다
전세자금대출	×	○	소득과 상환 능력에 맞는 비율로 받는다
사업자금대출	○	×	자산 증가율과 이자율에 따라 비율을 조정한다
주택담보대출	○	○	자산 증가율과 이자율에 따라 비율을 조정한다

적절한 대출의 사용도 때론 필요하다

전세자금대출이란 현재 무주택자인 세입자가 부족한 전세 자금을 충당하기 위해 받는 대출을 가리킨다. 금융기관 입장에서는 전세 보증금이라는 확실한 담보가 있기 때문에, 비교적 낮은 금리로 전세 보증금의 80% 수준까지 돈을 대출해준다. 첫 신혼집을 마련하는 신혼부부들이 이 대출을 많이 이용하는데, 낮은 금리라는 장점 때문에 대출을 가능한 많이 받아 집을 무리하게 늘리기도 한다.

그러나 대출 한도가 80%라고 해서 최대 금액을 대출받는 일은 가급적 경계해야 한다. 금융기관에서 지정한 대출 한도는 돈을 빌려 쓰는 사람의 상황을 고려한 것이 아니라, 은행 입장에서 대출 원금에 대한 이자 수익을 최대한 올리면서 돈이 떼일 위험이 없는 수준을 고려한 것이기 때문이다. 즉, 손해 볼 것 없는 은행의 장삿속에 순진하게 속아 넘어가서는 안 된다는 뜻이다.

그렇다면 신혼부부가 받는 전세자금대출의 적정한 수준은 어느 정도로 보면 좋을까? 먼저 신혼 때 전세 자금은 가계 연 소득의 세 배 이내로 하는 것이 적당하며, 대출의 적정 한도는 전세 보증금의 50~60% 이내로 받는 편이 바람직하다. 특히 주택 자금 마련을 위한 저축까지 병행하면서 할 수 있는 철저한 상환 계획을 세워야 한다.

한편 신혼부부가 아닌 경우에는 되도록 전세자금대출을 받는 일이 없어야 한다. 전세 자금이 상승하는 만큼 그동안 주택 마련을 위한 저축을 해왔어야만 하기 때문이다. 만일 주택 자금을 모으는 속도보다 전세 자금의 상승 속도가 더 높아서 부득이하게 대출을 받아야 하는 경우라면, 우선 주택 자금의 저축 속도가 너무 느린 것은 아닌지, 혹은 연 소득에 비해서 무리하게 큰 주택에서 거주하는 것은 아닌지를 점검해봐야 한다.

마지막으로 주택담보대출은 좋은 대출의 대표적인 예다. 향후 주택 가격이 상승한다면 빌린 돈이 자산 증식에 직접적으로 기여할 뿐 아니라 대출 원금이 사라지는 속성도 없기 때문이다. 하지만 2~3%대의 낮은 금리로 돈을 빌려서 집을 살 수 있었던 때와 달리, 만일 앞으로 실질적인 부담 금리가 4~5%를 넘어 그 이상으로 치솟을 것으로 예상한다면, 주택 가격의 상승률은 상대적으로 낮아질 수밖에 없다. 아울러 증가하는 이자 부담 또한 자칫 큰 낭패로 귀결될 수 있다.

그동안 우리나라는 오랫동안 초저금리를 유지해온 탓에, 경제성장률이나 이자율보다 주택 가격 상승률이 항상 훨씬 높은 수준을 유지해왔다. 그러나 앞으로 금리가 상승하는 국면이라면, 주택 마련에 대한 대출 비율을 낮추어야 한다.

돈이 늘수록 소비의 눈높이를 낮춰라

밸런스 완성

사람은 누구나 성공하기를 원한다. 그리고 그 성공의 뒤에는 부와 명예라는 인간의 욕망이 숨어 있다. 특히 자본주의 사회에서의 성공은 돈과 떼려야 뗄 수 없는 깊은 관계를 맺고 있다. 남보다 더 좋은 직장에 취직하거나 승진하는 것, 사업이 번창해 승승장구하는 것 등 우리가 말하는 모든 성공에는 바로 '돈'이라는 것이 아주 밀접하게 관여되어 있다.

그렇다면 돈을 많이 벌면 벌수록 정말로 행복해지는 걸까? 돈과 행복의 크기가 정확히 비례하는 것이면, 이 세상에서 제일 행복한 사람은 돈 많은 재벌일 것이다. 하지만 우리 모두가 알고 있듯, 실제로는 그렇지 않다.

인생에서 돈만큼 중요한 게 있으니, 그것은 바로 '눈높이'다. 이는

'지금의 상황을 어떻게 받아들일 것인가' 하는 나만의 잣대라고 할 수 있다. 그리고 돈에 대한 욕망을 스스로 조절하기 어렵듯이, 눈높이라는 잣대 또한 제어가 쉽지 않다.

돈과 성공의 수준이 높아질수록, 반대로 눈높이가 낮아지는 인생이 행복한 인생이다. 하지만 안타깝게도 큰 성공을 거듭할수록, 또 돈이 점점 더 많아질수록 이 눈높이라는 기대치는 기하급수적으로 높아진다. 천금 같이 많은 돈을 가진 재벌이 가장 행복하지 않은 이유가 여기에 있다.

행복을 계산할 수 있다면 무엇이 필요할까?

행복이라는 주관적인 느낌을 숫자로 계산할 수 있을까? 돈과 행복, 그리고 이 둘의 관계는 실제 계산할 수 있는 개념은 아니지만, 자산의 가격을 알아보는 원리를 활용해 비슷하게나마 공식을 만들어 살펴볼 수 있다. 즉, 가지고 있는 돈(성공)을 현재의 눈높이로 나눈 값이 행복이라고 판단하는 것이다. 이를 간단히 표현한 공식은 다음과 같다.

$$인생의\ 행복 = \frac{돈(성공)}{눈높이}$$

안타깝게도 세상 사람들은 분자값인 '돈(성공)의 크기'를 키우는 데에만 혈안이 되어 있다. 물론 이것이 무조건 잘못된 것이라고 말할 순 없다. 돈과 성공을 향한 노력은 인간의 자연스러운 욕망이고, 이 욕망은 세상을 발전시켜온 원동력이 되기도 했다.

다만, 행복의 최대값을 도출해내기 위해서는 눈높이를 돈의 크기에 맞추려는 노력이 수반되어야 한다. 일례로 로또 1등에 당첨된 사람이 당첨 후 오히려 삶이 피폐해졌다는 사연들이 심심치 않게 들려온다. 그 이유가 무엇일까? 폭발적으로 늘어난 돈의 크기에 비해 비교할 수 없을 만큼 훨씬 더 커져버린 눈높이(욕망)를 통제하지 못해 결국 재앙 같은 일들이 벌어졌기 때문이다.

현재에 대한 감사와 미래에 대한 계획

그렇다면 인생의 행복을 위해 돈과 눈높이의 적절한 균형을 찾는 방법은 무엇일까? 추상적이지만 가장 확실한 답은 바로 '현재의 삶에 감사하는 자세'와 '미래에 대한 계획'을 갖는 일이다. 감사하는 자세는 지금 자신이 가진 것들을 인지하고 있는 그대로 바라보게 함으로써, 현재 소유한 것만으로도 인생을 잘 꾸려나갈 수 있게 돕는다. 좀 더 행복해지려면 무엇이든 더 갖기 위해 노력하고 행동하는 자세도 물론 필요하겠지만, 현재 자신이 가지고 있는 것에 대한 가치를 깨닫고 이해하는 일이 더욱 중요하다.

또 미래에 대해 계획을 세우는 일도 눈높이를 적절하게 맞추는 데 도움이 된다. 일반적으로 사업을 하는 사람이 직장에 다니는 월급쟁이보다 더 큰돈을 벌 수 있고, 일반 기업에 다니는 직장인이 낮은 직급의 공무원보다 비교적 더 많은 돈을 벌 수 있다. 그렇다면 이들이 느끼는 행복의 크기도 이런 관계와 같을까? 절대 그렇지 않다. 오히려 사업을 하는 사람보다 월급쟁이 직장인들이, 직장인들보다 공무원들이 더 큰 인생의 안정감과 행복을 느끼며 살아간다. 그 이유는 미래에 상대적으로 내가 갖게 될 돈의 크기가 커서가 아니다. 많지 않은 돈이라도, 미래에 대한 계획을 세울 수 있는 보장(직장·연금)이 있기 때문이다.

이 원리는 모든 사람에게 적용된다. 아무리 미래가 불확실하다고 할지라도, 미래에 대한 계획을 세울 수 있는 사람에게 분자값(돈)은 좀 더 안정적인 값처럼 보이게 된다. 자연히 분모값(눈높이)이 낮아지는 것이다. 매번 다른 상황에 따라 눈높이를 적절히 조절할 수 있다면, 인생에서 만나는 성공의 크기와는 상관없이 늘 충분한 만족과 성취감을 느낄 것이다. 인생에서 때론 성공을 향해 숨이 차도록 달려가는 집중력도 필요하지만, 지금 함께 있는 사람과 현재의 나를 소중히 여기며 감사함을 느끼는 마음도 필요하다는 사실을 잊지 말자. 진정한 인생의 행복을 위해 눈높이를 스스로 절제하려는 노력이 필요하다.

5장

1인 가구 재테크 실천하기

내 삶은
내가 책임지겠습니다

직장인 7년 차, 1억의 벽을 넘어라

목돈 마련

목돈 마련이란 흩어져 있는 적은 돈을 하나로 모아 거대한 양의 돈으로 만드는 일이다. 그래야 돈이 잘 부서지지 않는다. 이때 자신이 목표로 하는 액수와 그 돈을 정확히 언제까지 모을 것인지 시간을 더하면, 보다 효율적으로 목돈을 만들 수 있다. 예를 들어 1년에 1000만 원, 5년에 7000만 원과 같은 식으로, 금액과 기간이 함께 계획되어야 단기 자금 마련의 진짜 목표라고 말할 수 있다.

통장 계좌에 정확히 1억 원을 찍는 게 아닐지라도, 예금을 포함한 자산의 총합이 1억 원이 되는 날을 목표 시점으로 잡아보자. 대학을 졸업한 사회초년생의 최근 평균 연봉(2017년 통계청 자료 기준)을 기준으로 순 자산을 계산해 목돈 마련에 대한 목표를 세워보면, 3년에 5000만 원, 7년에 1억 원이 가장 이상적이다. 만약 7년 동안 1억 원을 모으기 위해 현재 연 이자율 1.8%로 저축을 시작했다면 월 평균 113만 원 정도를 넣어야 한다. 즉 실제 소득에 따라 정확한 저축액은 다르겠지만, 일반적으로 대졸 신입 사원의 월 평균 소득의 약 41%에 해당하는 금액인 셈이다. 요즘 같이 결혼이나 독립을 하기까지의 기간이 많이 늘어난 1인 가구의 현실을 고려했을 때, 인생 최초의 종잣돈으로 1억 원이라는 상징적인 금액을 목표로 삼을 필요가 있다.

실제로 사회초년생 중 월 100만 원가량을 저축하는 사람은 꽤 많다. 그러나 결과적으로 1억 원을 손에 쥐는 사람이 별로 없다. 그 이유는 1억 원이 금액적 목표를 갖고 있지 않았기 때문이다. 앞서 말했듯 목적이 없는 저축은 도중에 소비하는 데 거리낌 없이 쓰인다. 돈을 절대 흩트리지 않고 큰 목돈으로 뭉치는 것이 중요하다. 이런 맥락에서 1억 원은 웬만해서 부서지지 않는 돈이다. 그야말로 깨지지 않는 목돈이란 뜻이다.

1억을 모으는 데 필요한 기간과 금액

사회초년생의 적정 소비율은 30~40% 이내다. 만약 잉여소득 없이 전부 저축을 한다면 저축률은 60~70%다. 이중에서 보험이나 노후 자금 마련을 위해 드는 15% 정도의 금액을 제외한 나머지를 가지고 단기간 동안 저축을 한다면, 언제쯤 1억 원의 순 자산을 갖게 될까?

먼저 결혼 혹은 독립 시점까지 모을 수 있는 금액을 산술적으로 생각하여 최소한의 목표 금액을 계획해보자. 예를 들어, 27세에 월 평균 소득이 300만 원인 사람의 경우, 적정 소비율 30%를 적용하고 저축할 수 있는 금액을 계산해보면 나머지 70%에 해당하는 210만 원이 된다. 이중에서 보험과 노후 자금 항목에 쓰이는 약간의 비율(약 15% 정도)을 제외하고 나면, 최종적으로 단기 저축이 가능한 금액은 소득의 55%인 165만 원이다. 이때 만약 '32세에 독립하겠다'라는 목표를 세운다면 다음과 같이 그 내용을 정리할 수 있다.

	목표명	목표 수준	기간	필요 금액	요구사항
필수 목표	독립 자금 및 결혼 자금 목돈(1억 원) 만들기	이상적 ☑ 만　족 ☐ 최소한 ☐	60 개월	1억 원	165만 원으로 연 2%의 정기적금과 예금을 든다.

위 사례를 참고하여, 이제 자신의 상황을 고려해 1억 원의 순 자산을 마련할 수 있는 특정 시점과 목표 금액을 정리해 작성해보자.

	목표명	목표 수준	기간	필요 금액	요구사항
필수 목표		이상적 ☐ 만　족 ☐ 최소한 ☐			

직접 작성한 재무 목표를 달성하기 위해 어떻게 저축을 할 것인가는 앞서 '단기는 금리형, 장기는 투자형'(161~165페이지 참고)에서 설명한 저축 방법을 참고하여, 실질적인 실천 방법을 세울 수 있도록 하자.

결혼이나 독립 자금과 같이 수년 내에 필요한 자금이라면, 오랜 기간 돈이 묶이는 장기 투자는 어렵다. 설사 그 시기를 10년 후로 예상하더라도, 현실적으로 10년 내내 돈이 묶이는 저축을 하는 것은 쉽지 않다. 따라서 저축액의 절반 이상은 무조건 정기적금으로 모아야 한다. 정기적금은 1~2년짜리를 활용하여 만기가 되면 예금하고, 다시 적금을 드는 것을 반복하며 목돈을 키워나가는 것이 좋다.

확실한 목표나 투자처가 없거나, 최소 5000만 원 혹은 1억 원의 목돈을 갖기 전이라면 어설픈 투자보다는 어떤 경우에라도 원금이 보장되는 정기적금을 통해 목돈을 키워나가는 것이 단기 저축의 기본임을 잊지 않아야 한다.

목돈 마련을 위한 예·적금 트랙 전략

단기 저축의 경우, 정기적금이든 예금이든 항상 2년 내 만기가 돌아오는 구조를 가지고 있다. 정기적금과 예금을 활용하여 1억 원을 만드는 정기적금 트랙 전략을 살펴보도록 하자(199페이지 참고). 월 83만 원짜리 2년 정기적금을 가입하고, 만기에 다시 2년 예금으로 가입하

장기저축 드림 전략 예시

구분	1년	2년	3년	4년	5년	6년	7년	8년	9년	10년
목돈 마련 운영 계좌 (누계 금액)	1,004	2,029	3,063	4,125	5,197	6,298	7,409	8,550	9,701	10,883
① 정기적금(2년) 월 83만 원	1,004	2,029	2,059	2,096	2,134	2,173	2,212	2,252	2,292	2,333
② 정기적금(2년) 월 83만 원			1,004	2,029	2,059	2,096	2,134	2,173	2,212	2,252
③ 정기적금(2년) 월 83만 원					1,004	2,029	2,059	2,096	2,134	2,173
④ 정기적금(2년) 월 83만 원							1,004	2,029	2,059	2,096
⑤ 정기적금(2년) 월 83만 원									1,004	2,029

단기저축

(단위: 만 원, 이자율은 연 1.8% 적용)

: 예금 운영 기간

는 것을 반복한다. 이 경우 10년 동안 정기적금은 총 다섯 번, 정기예금은 총 열 번을 하게 된다. 연 이자율을 1.8%로 가정했을 때, 10년 후 1억 883만 원이 모이게 된다.

만약 만기일이 3~5년 내로 돌아오는 저축을 할 수 있다면, 적립식 펀드와 같은 투자형 저축을 권한다. 적립식 펀드의 경우, 최소 3년의 기간을 두고 지켜봐야 장기 투자의 변동성을 줄일 수 있기 때문이다. 단, 3년간 운영한 펀드를 환매하여 목돈을 확보하면, 펀드보다는 예금으로 운영하는 것이 좋다. 적립식 펀드처럼 매월 약간의 일정 금액을 투자할 경우, 시간과 종목이 분산되어 상대적으로 변동성이 낮아지지만, 목돈과 같이 큰돈을 펀드로 운영하면 변동성이 매우 커진다. 따라서 매월 납입하는 돈은 적립식 펀드로, 환매 후 생긴 목돈은 안전하게 예금으로 운영하는 방법이 적절하다.

적립식 펀드와 예금을 함께 운용하는 방법을 예를 통해 한번 살펴보자. 연 이자율 1.8%에 월 83만 원씩 10년간 저축을 유지하고, 적립식 펀드의 연 수익률은 5%라고 가정했을 때, 예금과 적립식 펀드를 함께 굴려서 기대할 수 있는 10년 후 최종 자산은 다음 도표(201페이지 참고)의 내용을 통해 확인할 수 있다.

좀 더 자세히 설명하자면, 적립식 펀드는 최소 3년 정도를 지켜보면서 정기적금에 비해 누적 수익률이 높아지는 구간에서 환매한다. 환매한 돈은 목돈이므로, 펀드보다는 정기예금으로 운영한다. 이렇게 적립식 펀드 트랙은 월 30만 원씩 3년간 납입하고, 다시 2년 예금을 가입

적립식 펀드와 예금 트랙 전략 예시

구분	1년	2년	3년	4년	5년	6년	7년	8년	9년	10년
목돈 마련 운영 계좌 (누계 금액)	369	757	1,165	1,555	1,964	2,394	2,806	3,238	3,691	4,126
단기저축 ① 적립식 펀드(3년) 월 30만 원	369	757	1,165	1,186	1,207	1,229	1,251	1,274	1,297	1,320
② 적립식 펀드(3년) 월 30만 원				369	757	1,165	1,186	1,207	1,229	1,251
③ 적립식 펀드(3년) 월 30만 원							369	757	1,165	1,186
④ 적립식 펀드(3년) 월 30만 원										369

(단위: 만 원, 적립식 펀드 연 수익률 5%, 예금 이자율 연 1.8% 적용)

하는 것을 반복한다. 그러면 10년 동안 적립식 펀드는 총 네 번, 2년 짜리 정기예금은 총 일곱 번을 하게 되며, 10년 후 예상되는 자산은 4126만 원이다.

그 밖에 매월 목돈을 모으는 저축으로는 은행에서 판매하는 개인종합자산관리계좌ISA와 주택청약저축 등이 있다. 하지만 이 예금 상품들은 만기가 5년 또는 7년 이상이므로, 10년 내 단기간에 목돈을 만들고자 하는 상황에서는 높은 비중을 두기 어렵다.

똑똑한 집 한 채면 재테크 절반은 성공이다

부동산 1.

과거 내 집 마련은 누구에게나 제1의 재테크 목표였다. 실제로 지난 30년간 수도권의 집값은 빠르게 상승했고, 일시적으로 가격이 하락한 때도 있었지만, 전반적으로 지난 10년 동안 전국의 주택 가격 상승률은 연 평균 3.56%로, 연 평균 금리나 인플레이션을 훨씬 웃도는 높은 증가율을 기록했다.

이런 부동산 시장에 정부의 강력한 규제 정책이 이어지면서 최근 악재가 계속되고 있다. 이는 역설적으로 부동산 가격의 상승세가 꺾이지 않고 있다는 반증이기도 하다. 특히 사회에 막 진출했거나 갓 결혼한 신혼부부에게는 서울과 수도권 지역의 아파트는 그야말로 넘볼 수 없는 벽이 되고 말았다.

그러나 단언컨대 자산 관리에 있어서 주택 구입은 절대 포기해서는 안 되는 제1의 목표여야 한다. 물론 지난 10년 동안 초저금리 시기가 이어지면서 높아진 집값 상승률이 앞으로의 금리 인상 속도에 따라서는 다소 누그러질 가능성도 있다. 하지만 그와는 무관하게 '주거'를 목적으로 하는 내 집 마련은 누구에게나 필요하다. 집값의 상승과 하락은 집을 자신이 평생 살아야 할 거주 공간으로 생각할 때 커다란 영향을 주는 문제가 아니라는 의미다.

또 현재 우리나라 주택 시장의 현실을 자세히 들여다보면, 주택을 보유하는 것보다 보유하지 않는 위험이 훨씬 더 크다. 주택은 없어서는 안 되는 '필수재' 성격에 가깝기 때문이다. 따라서 주택 구입을 포기하는 사람이 아무리 많아졌다고 하더라도, 주택의 가격이 지금보다 떨어지면 사람들의 생각은 무조건 사겠다는 방향으로 바뀔 것이다. 즉, 집에 대한 수요가 없는 것이 문제가 아니라, 현재 가격대에서의 수요가 없다는 의미다. 따라서 자산 관리에 대한 별다른 준비 없는 상태에서 집을 무조건 사지 않겠다고 고집하는 것보다 내 집 마련을 목표로 목돈을 키우는 노력이 반드시 필요하다.

주택을 구입하는 데에 있어서 일반적으로 사람들이 가장 크게 부담을 느끼는 부분이 '대출'이다. 주택을 실질적으로 자신이 보유하고 있다고 볼 수 있는 기준은 '집값의 80% 이상'이 자산으로 확보된 경우다. 많은 사람이 자가를 전세로 내주고 정작 본인은 다른 집에서 살고 있는데, 이들은 대출 없이 내 집에 들어가지 못하는 사람들이다. 또 본인이 거주한다고 해도, 대출이 집값의 20% 이상을 차지하고 있다면

'진짜 내 집을 갖고 있다'라고 보기 어렵다. 우선 대출이 집값의 20% 이하가 될 때까지는 주택 자금을 저축한다는 마음으로 대출 원금 상환에 힘써야 한다.

똑똑한 내 집 하나를 마련해야 하는 이유 ①

세상에는 돈을 주고 살 수 있는 물건이 크게 두 가지로 나뉜다. 그 중 하나는 일정 기간 동안 사용하는 물건을 일컫는 '소비재Consumption goods'다. 식료품, 가구, 의류와 같은 소비재의 가격은 그 물건의 '사용가치'에 따라 매겨진다. 다시 말해, 사용할 수 없는 물건에는 가격이 형성되지 않는다.

반면 한 번 사면 없어지지 않고 보유하고 있는 동안 계속해서 현금을 만들어주는 것이 있다. 이것이 '자산Asset'이다. 주식, 채권, 부동산 등이 이에 속한다. 자산의 가치는 소비재처럼 사용가치에 있는 것이 아니라, 미래에 얼마만큼의 현금 흐름을 가져다 줄 수 있는지에 따라 현재 가격이 책정된다.

우리나라에서 주택은 특이하게도 소비재의 성격을 가지고 있으면서, 동시에 자산의 성격을 가진 하이브리드형 물건이라고 볼 수 있다. 그 배경을 살펴보면 이렇다. 만약 어느 한 대기업의 주식을 샀다고 가정했을 때, 이 주식의 사용가치는 얼마일까? 당연히 '0원'이다. 당장 어디에도 쓸 수 없는, 사용가치가 전혀 없는 물건이기 때문이다. 그러나 이 주식을 계속 보유하고 있을 경우, 해당 기업이 미래에 내게 배당을 주거나, 주식 단가가 상승하여 추가 현금을 얻게 될 수 있다. 이것이 '보유가치'다. 즉, 주식이라는 자산은 사용가치는 없고 보유가치만 가지고 있다. 그러나 주택은 다르다. 주택은 실제로 들어가 거주할 수 있는 사용가치가 있는 물건인 동시에 사용 도중에도 가격이 상승하여 미래에 추가 현금 흐름을 기대할 수 있는 자산이다. 사용가치와 별개로 보유가치도 가지고 있는 셈이다.

다른 나라의 경우, 대부분 모기지Mortgage가 발달되어 있기 때문에 주택에 대해 보유하는 개념보다는 장기 렌트를 하는 개념으로 인식하는 경향이 강하다. 그렇다면 만약 우리나라에서 주택 마련을 포기하고, 평생 집을 빌려서 산다면 어떨까? 안타깝게도 우리나라에서는 유럽의 사례와 같이 집을 장기간 대여하는 일이 쉽지 않다. 집을 보유하지 않더라도, 집값의 70% 이상을 전세금으로 넣어두어야 하기 때문이다.

만약 집을 살 수 있을 만큼의 돈이 있음에도, 집을 평생 빌려 쓴다고 가정해보자. 집값에 투자하지 않는 20~30% 정도의 잉여소득을 가지고, 다른 생산적인 곳에 투자하여 집값 상승 이상의 수익을 얻어내야 한다. 하지만 투자를 한다고 했을 때 매번 이긴다(성공한다)는 보장이 없을 뿐 아니라, 자산의 손실 또한 각오해야 한다. 게다가 살면서 2년에 한 번씩 집을 옮기는 수고를 감당해야 한다. 집값 상승률의 문제를 떠나서, 안정적인 주거 환경을 갖기 위해서라도 반드시 '1주택' 보유 만큼은 목표로 가져야 한다.

똑똑한 내 집 하나를 마련해야 하는 이유 ②

해외의 다른 나라와 달리, 우리나라에서 주택은 자산의 성격이 강하다. 왜 그런 것일까? 우리나라의 국토는 70%가 산으로 이루어져 있다. 다시 말하자면, 매우 좁은 땅덩어리 안에서도 거의 대부분이라고 할 수 있는 70%가 사람이 살 수 없는 곳으로 이루어져 있다는 뜻이다. 즉, 나머지 30%의 땅 안에서 모든 인구가 살아야 하는데, 심지어 그중에서도 서울과 수도권에만 인구의 절반이 살고 있다.

이러한 특수성에 일부 사람들은 국토가 좁은 땅에서 주택은 특정 소수의 사람이 소유하는 것이 아니라, 모두가 나눠 써야 하는 공공성을 갖는 자원이라고 주장하기도 한다. 하지만 자본주의 체제의 가장 근본적인 개념이 바로 '사유 재산의 인정'이므로 이러한 주장은 실현 가능성이 전혀 없다.

이에 최근 정부가 꺼내든 카드는 바로 '다주택자에 대한 세금 강화'다. 이 정책은 사유 재산은 인정하되, 땅이 공공의 성격이 강한 우리나라에서 자신이 직접 살지도 않는 주택을 여러 채 보유하고 있다면, 세금을 높여 그 소득을 환수하겠다는 목적을 갖는다. 1주택자를 제외한

2주택 이상의 보유자를 대상으로, 세금을 선택적으로 올림으로써 자본주의의 기본 원리를 침해하지 않으면서도 땅의 공공재로서의 성격을 발현하려는 정책이다.

그동안 정부는 다주택 보유자를 집값 상승의 주원인으로 보았고, 이들이 집을 팔아야만 집값이 안정된다고 판단했다. 2017년 8월 정부에서 발표한 '8.2 부동산 대책'에 담긴 내용을 보면, "앞으로 다주택자가 집을 팔아서 생기는 차익(양도소득)에 대해서 높은 세금을 부과하는 양도소득세를 중과세하겠다"고 강조했다. 그럼에도 다주택자들은 꿈쩍도 하지 않았다. 양득소득세라는 것이 집을 팔지 않으면 아예 발생하지 않는 세금이기 때문이다. 급할 게 없는 다주택 보유자들이 당분간 집을 팔지 않고 버티는 전략을 선택한 것이다.

이에 정부는 2018년 6월 집값 안정을 위한 마지막 카드라고 말하는 '보유세 인상'이라는 카드까지 뽑아 들었다. 이는 주택을 팔지 않더라도 매년 내야 하는 재산세를 높임으로써 다주택자에 대한 소득을 높은 비율로 환수하겠다는 전략이다. 하지만 시장에서의 반응은 정부의 생각과 달리, '주택 가격의 하락'이라는 확실한 방향으로 돌아서기에 역부족이라는 분위기다. 심지어는 오히려 시장에서 우려한 불확실성이 이제 제거되었다는 느낌 때문에 일부 지역의 경우 집값이 오히려 더 오르는 분위기까지 감지되고 있다.

물론 추이를 더 지켜봐야겠지만, 이처럼 주택이라는 자산은 사람들이 생각하는 요구 수익률이 가장 낮은(미래 현금 흐름에 비해서 현재 가격이 비싸다고 하더라도, 보유하고자 하는 경향이 강한) 자산이므로, 집값의 급격한 하락을 기대하기란 쉽지 않다. 향후 다주택자에 대한 보유세가 더욱 강화된다면, 전부는 아닐지라도 장기적으로는 소위 말하는 '에이스급' 주택의 가치가 올라갈 가능성이 크다. 즉, 똑똑한 1주택의 가치가 높아지는 것이다.

똑똑한 내 집 하나를 마련해야 하는 이유 ③

자산의 가격은 시장에서 결정된다. 사겠다는 사람(수요자)과 팔겠다는 사람(공급자)들이 시장에서 만나 수많은 거래가 이뤄지면서 가격이 자연히 조정되는 것이다. 주식, 채권, 금, 외화 등과 같은 자산은 하루에도 수조 원에 달하는 돈들이 오가며 거래되어 매일 주인이 바뀐다. 따라서 주식시장에서 장기 투자는 결코 쉽지 않은 일이다. 매입 후 크게 오른 주식을 팔지 않고 버티기란 쉽지 않기 때문이다.

이와 달리 주택은 보유자가 직접 거주하며 사용하는 경우가 많기 때문에 거래가 빈번하게 이뤄질 수 없다. 주택이라는 자산에 투자한 모든 사람들은 대부분 20년 이상을 소유하며, 경제활동기의 대부분을 보유한 주택에서 보낸다. 이에 따라 자연스럽게 장기 보유, 즉 장기 투자를 하게 되는 것이다.

우리나라의 최초의 주식시장인 한국증권거래소는 1983년 개장했다. 그리고 30년이 지난, 2013년에 주식을 포함해 부동산, 금, 채권, 원자재 등 각종 투자 자산에 대한 수익률을 비교한 통계 자료에서 의외의 결과가 나왔다. 주식의 수익률은 2790%를 기록해 1위로 발표됐고, 부동산의 경우 420%로 그리 높지 않은 것으로 나타난 것이다. 이렇듯 수익률 1위가 주식이라고 하지만, 실제로 주변에서 주식으로만 돈을 벌었다는 사람은 눈 씻고 찾아봐도 보기 힘들다. 만약 1983년에 100만 원의 투자금을 가지고 주식에 투자해 30년 동안 보유했다면, 아마 수익률의 통계 결과보다도 훨씬 높은 엄청난 수익률이 가능했을 것이다. 하지만 어느 누구도 주식을 30년간 보유하는 사람은 없다(굳이 찾자면 기업의 지배구조 때문에 주식을 팔 수 없는 대주주뿐이다).

통계적으로는 부동산이 주식보다 낮은 수익률을 기록한 것처럼 보이지만, 중산층 중에서 돈을 번 사람들의 주요한 재테크 성공 원인은 바로 부동산이었다. 주식과 다르게, 주택은 직접 살거나 사용해야 하기 때문에 자연히 오랫동안 보유할 수밖에 없는 자산이므로, 장기 투자가 가능했기 때문이다. 결과적으로 자산시장에서의 수익률 경쟁이란 결국 오래도록 장기 투자한 경우를 이기지 못한다. 따라서 1주택은 장기 투자가 가능한 거의 유일한 자산이므로 매우 중요하다고 말할 수 있다.

근데 오르는 부동산이 뭔가요?

부동산 2.

　　내 집 마련을 준비하는 데 있어, 부동산 시장을 얼마나 잘 이해하고 있는가는 매우 중요한 능력이다. 우리나라의 특수한 부동산 시장의 특징을 살펴보기에 앞서, 우선 집값이 무슨 가치로 구성되어 있는지, 또 부동산 가격을 결정하는 요소는 무엇인지에 대해 알아보도록 하자. 이러한 배경을 이해한다면, 앞으로 내 집 마련 전략을 짜는 데 큰 도움이 될 것이다.

　　주택의 가치는 크게 '사용가치'와 '투자가치'로 나뉜다. 사용가치는 말 그대로 얼마나 사용하기에 좋은가를 나타내는 지표다. 집도 큰 틀에서 보면, 매일 사용하는 물건이기 때문이다. 사용하는 데 불편함이 있다면 가치를 좋게 평가받을 수 없다. 예를 들어 교통은 편리한지, 학교는 가까운지, 주변에 편의시설이나 좋은 공공 환경을 끼고 있는지와 같이 사용가치를 결정하는 요소는 헤아릴 수 없을 만큼 많다.

주택의 사용가치를 결정하는 2가지 요소

주택의 사용가치를 따지는 첫 번째 요소는 바로 집이 어디에 위치해 있는가라는 '위치적 가치'다. 만약 집 앞에 지하철이 새로 뚫리거나 대규모 공원이 조성된다면 위치적 가치는 변한다. 이런 맥락에서 조금 더 생각해보면, 더 이상의 개발이 어려운 도심 지역의 경우, 위치적 가치가 바뀔 만한 일이 발생할 가능성이 적다. 즉, 대도시에서는 위치적 가치가 달라질 호재를 기대하기는 어렵다.

위치적 가치에 영향을 미치는 대표적인 요인들은 다음과 같다.

- 교통 편의성(대중교통, 고속도로 등)
- 교육환경성(유치원, 초·중·고등학교 통학 거리 등)
- 친환경성(공원, 산림, 수변지 등)
- 생활 편의성(백화점, 대형마트 등)
- 세부 환경(조망권, 일조권, 프라이버시 보호 등)

위치적 가치에 이은 주택의 사용가치를 결정하는 두 번째 요소는 바로 '신축 가치'다. 무엇이든 새것일수록 좋듯, 집 또한 지은 지 얼마

되지 않은 새 집일수록 그만큼 더 가치가 올라간다. 신축 가치는 위치적 가치가 특별히 변하지 않는 것과는 달리, 시간이 지나면 지날수록 그 가치가 계속 떨어진다. 집값에서 가장 중요한 요소인 사용가치는 집을 반드시 보유해야만 누릴 수 있는 것이 아니다. 위치적 가치나 신축 가치 모두 집을 빌려서 사는 경우에도 누릴 수 있는 가치다. 따라서 사용가치는 집값에도 반영되어 있지만, 당연히 전세 가격에도 반영되어 있다.

주택의 투자가치에 영향을 주는 강남 지역

주택의 가치를 결정짓는 다른 요소는 바로 투자가치다. 대표적으로 재건축 아파트가 여기에 해당된다. 예를 들어, 저층 아파트를 부수고 새로 집을 지을 경우, 기존에 낮은 용적률(전체 대지 면적에 대한 건축물의 바닥 면적을 모두 합친 면적의 백분율을 가리킨다. 단 지하층·부속 용도에 한하는 지상 주차용으로 사용되는 면적은 용적률 산정에서 제외된다)이 대폭 늘어나므로, 집의 크기는 더 커질 수 있다. 용적률이 두 배만 늘어나도 20평대 아파트를 보유하고 있는 사람의 경우, 40평대 집을 갖게 되는데, 말하자면 집이 한 채 더 생기는 셈이다. 여기서 발생하는 미래 수익이 바로 투자가치다. 저층 아파트가 재건축을 통해 20~30층의 고층 아파트로 재건축된다면, 엄청나게 큰 투자 이익이 생길 수 있는 것이다.

현재 20~30층의 고층 아파트라면 앞으로 더 이상 용적률이 늘어날 수 없지만, 도심 내 10층 내외 혹은 그보다 낮은 저층 아파트인 경우에는 앞으로 재건축이 추진될 때 미래에 발생할 수 있는 현금 흐름이 현재 집값에 반영되어 있다. 이런 재건축 대상의 아파트가 주로 강남지역에 몰려 있다. 이는 1980년대에 있었던 강남 개발의 영향과 함께, 우리나라에서 처음 지어진 아파트들이 재건축이 가능한 연한인 35년을 이제 막 넘어서고 있기 때문이다. 강남은 상대적으로 좋은 위치적 가치를 가진 데다가 재건축의 기대감으로 투자가치까지 더해져서, 그동안 계속 강남의 집값이 천정부지로 올랐던 것이다.

그렇다면 뉴스에서 흔히 집값 문제를 다룰 때마다 등장하는 '강남 아파트' 때문에 집값의 상승과 하락이 영향을 받는다는 것이 사실일까? 실제로 정부에서는 강남의 집값을 안정화하는 것이 전국의 집값을 안정시키는 데 최우선되어야 할 과제로 여겼다. 그래서 재건축 대상 아파트가 몰려 있는 강남을 대상으로 한 부동산 규제 정책을 계속해서 쏟아냈다. 예를 들어, S대학교의 입시 합격 커트라인이 높아지면, K대학교와 Y대학교의 커트라인도 자연히 높아지는 이치와 비슷하게 간주한 것이다.

사실 개별 자산의 가치 변화가 아무 이유 없이 곧바로 다른 자산의 가격 변동에 영향을 준다는 관점은 쉽게 납득하기 어렵다. 실제로 주식의 경우, 같은 업종 내 어떤 한 종목의 가격이 상승해도 다른 주식의 가격까지 함께 동반 상승하는 일은 벌어지지 않는다. 설사 분위기와

모멘텀Momentum이 조성돼 가격이 모두 상승하였어도, 시장이 효율적이라면 수요공급의 법칙에 따라 다시 제자리로 돌아온다. 하지만 부동산 시장만큼은 유독 그런 현상이 적용되지 못해왔다. 이는 곧 그만큼 부동산 시장이 효율적이지 못했다는 반증이다. 주식이나 다른 자산처럼 거래가 빈번하게 이루어지지 않고 실시간 달라지는 정보가 즉각적으로 교환되지 않아 부동산 시장이 상대적으로 덜 효율적인 것은 사실이다.

더불어 주택이 수도권에 위치해 있을 경우, 출퇴근 및 교육 환경 등 위치적 가치에서 차이가 있어, 수도권 외곽에 서울 도심의 주택과 동질의 주택을 공급한다고 해도 각각의 주택 가치를 동일하게 보기는 어렵다. 수도권 내에서도 수도권 중심지의 주택에 대한 대기 수요는 항상 존재한다. 따라서 주택 시장은 실 수요자의 투자에 따른 추가 수요에 대기 수요까지 더해져, 시장이 효율적으로 움직이지 못하는 상황이 되었고, 이 영향으로 가격이 크게 오르는 불균형 현상이 이어져 온 것이다. 따라서 강남 지역을 천정부지로 치솟는 집값 상승의 원인 중 하나로 보아도 틀린 말은 아니다. 하지만 단 하나의 원인은 아니라는 사실을 알아야 한다.

1인 가구의 등장이 미치는 집값의 변동 파장

한편 근래 오히려 강남보다 비非강남 지역의 집값이 크게 뛰어오르는 현상이 나타나고 있다. 이를 가리켜 '풍선효과'라고 부른다. 이는 1인 가구의 폭발적인 증가와 밀접한 관련이 있다. 2015년 인구총조사에 따르면, 우리나라의 1인 가구 수는 520만 명 이상으로, 전체 2000만 가구 중 약 26%에 해당하는 수치다. 특히 인구수가 가장 많은 서울과 경기도만 놓고 봐도, 2010년에 조사된 비율에 비해 두 배 이상 기하급수적으로 늘어났다. 이러한 1인 가구의 증가는 집값에 어떤 영향을 미치게 될까?

우선 1인가구의 주거 특징을 살펴보면, 주택의 선정 기준이 3~4인 가구와 많이 다르다. 일반적으로 3~4인 가구는 최소한 70제곱미터 (24평형) 정도의 주택이 필요하다. 또한 자녀의 학업 문제가 주거지 선정에 있어 중요한 결정사항이다. 또한 서울 중심지의 집값이 부담스러워 서울 외곽이나 경기도에 거주한다고 해도, 쉽게 이사를 결정하지 못한다는 특징이 있다. 하지만 이와 반대로 1인 가구는 근무지 위주로 주택을 선택할 가능성이 더 높다. 혼자 사는데 굳이 넓은 집에 거주하거나 출퇴근으로 장시간을 소모할 이유가 없기 때문이다.

따라서 1인 가구는 아주 작은 방일지라도 주거지 선정 시 대부분 근무 지역을 중심으로 몰리게 된다. 1인 가구가 늘어나면 늘어날수록 되도록 도심 가까운 곳에 거주하려는 사람들이 계속 늘어나게 될 것이다. 이런 현상은 도심 내 방 한 칸짜리 초소형 주택이 부족해지는 원인이 된다. 즉, 앞으로 도심에서는 소형 주택 일수록 가격 상승률이 높아지게 되는 것이다. 촘촘한 그물처럼 서열화된 주택 시장에서 서열이 가장 낮은 집인 1인 가구 주택의 가격 상승은 어떤 결과를 가져오게 될까? 결국 더 높은 서열의 주택으로 그 영향이 전이될 수밖에 없다.

이런 현상이 발생하게 된 배경은 도심에 더 많은 일자리가 몰려 있다는 사실과 무관하지 않다. 특히 양질의 일자리, 즉 상대적으로 소득이 높은 일자리가 밀집해 있는 중심상업지역Central Business District(이하 CBD)이 서울에 몰려 있다. 서울에 대표적인 CBD는 총 세 곳이 있는데 바로 강남·서초권, 시내중심권, 그리고 여의도권이다(2015년 '서울 3대중심상업지역' 통계청 자료 참고). 이 세 곳으로 접근성이 뛰어난 지역에는 어김없이 집값이 높게 형성될 수밖에 없고, 향후에 다시금 집값 상승 시기가 찾아왔을 때 1인 가구가 주요한 상승 요인으로 작용할 가능성이 높다. 실제로 정부 역시 1인 가구 증가에 따른 주택 공급 정책에 힘을 싣고 있는 실정이다.

로케이션 서열이 가장 높은 집을 사라

부동산 3.

본격적으로 내 집 마련을 위한 실질적인 전략을 세워보자. 우선 1주택을 제대로(집값의 80% 이상을 보유한 수준으로) 마련하는 데 걸리는 시간적인 목표 설정이 반드시 필요하다. 거듭 강조했듯이, 우리나라 부동산 시장의 특수성 때문에 장기적인 면에서 가능한 빨리 부동산을 마련해 둘수록 좋기 때문이다. 또한 집을 사고 원금과 이자를 상환하려면 가처분소득(개인소득 중 소비·저축을 자유롭게 할 수 있는 소득)이 있어야 하는데, 대체로 결혼을 하고 15년 후에는 소비가 더 많이 늘어나 가처분소득이 제로에 가까워진다. 즉, 소득은 높은데 집을 준비할 여력이 없다는 의미다. 따라서 1주택 마련을 위해서는 기혼의 경우라면 12년 내, 비혼이라면 45세 전이라는 목표 시간 설정이 필요하다.

그렇다면 어떤 집을 목표로 고려하는 것이 좋을까? 결론부터 말하자면, 자신의 경제력으로 보유할 수 있는 주택 중에서도 위치적 가치가 가장 높은 후보를 선택해야 한다. 먼저 자신의 경제력으로 살 수 있는 집이란, 현재 저축 가능한 금액(보험·개인연금 제외)을 모아서 12년 내에 집값의 80% 이상을 확보할 수 있는 가격대의 주택을 의미한다. 물론 집값이 상승할 가능성이 크므로, 정확한 금액을 예측하기는 어렵겠지만 큰 틀에서 예측 가능한 범위를 설정해볼 필요가 있다.

예를 들어, 현재 2억 원의 전세금을 가진 가계 월 소득 600만 원의 신혼부부가 생활비, 보험료, 개인연금 등 한 달 소비액으로 300만 원가량을 쓰고, 남은 300만 원은 매월 단기 저축을 한다고 했을 때, 이 부부가 미래에 살 수 있는 집의 가격대 범위는 다음과 같다.

① 전세금: 2억 원

② 저축: 월 300만 원 × 144개월(12년)

최소 주택 자금

: 6억 3200만 원(①+②) × 1.25(집값의 80%를 확보하기 위한 비율)

= 7억 9000만 원

예로 든 신혼부부의 경제력으로는 어림잡아 12년 후 7억 9000만 원 이상의 집을 살 수 있다. 집을 구매하고 집값의 80% 이상의 금액이 순자산이 되어야 집의 실제 소유자로 인정할 수 있으므로, 예상되는 최소 금액보다 더 넉넉한 주택 자금을 모을 수 있도록 목표를 설정해야 한다. 이제 자신의 경제 상황을 파악하여 목표로 계획할 수 있는 최소한의 주택 자금을 계산해보자.

① 전세금 : _____ 원

② 저축 : 월 _____ 원 x _____ 개월(___ 년)

최소 주택 자금

: _____ 원 (①+②) X 1.25= _____ 원

주택 마련 시 너무 주관적이지 않아야 한다

주택 마련 시 위치적 가치가 높은 집을 고려할 때 투자가치와의 관계를 살펴야 한다. 즉, 집은 사용가치(위치적 가치와 신축 가치)와 투자가치로 구성되어 있으므로, 집값이 같아도 어떤 집은 사용가치가 높은데 투자가치는 낮다거나 다른 어떤 집은 사용가치는 낮아도 투자가치가 매우 높은 식의 차이가 발생할 수 있다. 실제로 어떤 가치에 더 무게를 두고 집을 고를 것인가는 자신의 선택에 달렸다.

생애 최초로 집을 사는 경우, 대부분의 사람들이 경험이 없기 때문에 집을 고르는 기준으로, 근무지와 출퇴근 환경을 가장 많이 고려한

다. 물론 사용가치 측면에서 봤을 때 근무지와의 가까운 거리는 매우 중요한 요소다. 그러나 집은 20~30년 이상 보유해야 한다는 사실을 간과해서는 안 된다. 부동산은 높은 거래 비용이나 세금 등 기타 여러 가지 상황을 고려했을 때, 주식처럼 빈번하게 사고팔 수 없다. 개개인의 주관적인 사용가치도 중요하지만, 주택 자체의 객관적인 가치를 꼭 염두에 두어야 한다. 즉, 내가 구매한 주택이 20~30년 후 다른 주택에 비해 상대적으로 가격이 낮아져서는 안 된다. 다시 말해 미래의 자산시장에 내놓았을 때, 자산의 상대적 가치가 떨어져서는 안 된다는 의미다. 그러므로 시간이 지남에 따라 변할 가능성이 큰 신축 가치나 자신의 주관적인 사용가치에 매몰되어 집을 사는 일은 없어야 한다.

내 집 마련 목표와 계획을 세우는 법

이제 주택 자금 마련 계획과 목표를 구체적으로 세워보자. 이때 미래의 배우자의 경제 상황을 고려해야 할 필요가 있다. 현재 결혼을 했거나 결혼을 할 예정인 경우가 아니라면, 상대방(배우자)의 예상 소득을 알 수 없어 제대로 된 계획을 세울 수 없을 것 같지만, 큰 문제가 아니다. 부부로서 사는 데 필요하다고 생각되는 소득 수준을 대략 추산해봐도 된다. 보통 자신의 소득을 기준으로 계획하는데, 요즘은 대체로 부부 간에 경제력 차이가 크지 않기 때문이다.

가상의 예를 들어 살펴보자. 30세 미혼 여성인 박수현 씨는 연봉 3500만 원의 소득이 있는 직장인이다. 현재 만나는 사람은 없지만, 개인적인 계획으로는 3년 후 결혼을 생각하고 있다. 이런 경우, 수현 씨는 주택 자금 목표를 어떻게 세우는 것이 좋을까? 3년 후 수현 씨의 미래 가계소득은 현재 소득의 두 배인 연봉 7000만 원으로 가정하고, 신혼 전세 자금은 가계 소득의 세 배로, 저축 금액은 현재 매월 저축하는 금액의 두 배로 예상해보자. 이 기준으로 계산했을 때, 그녀가 3년 후를 목표로 계획할 수 있는 최소한의 주택 자금은 다음과 같다.

① 전세금(예상) : 2억 1000만 원

② 저축 : 월 320만 원 X 144개월(12년)

최소 주택 자금

: 6억 7080만 원(①+②) X 1.25 = 8억 3850만 원

위의 사례처럼 1인 가구가 현재 매월 저축하는 금액(보험 · 개인연금 제외)은 '1주택 마련'이라는 숙제가 끝나기 전까지, 전부 결혼과 주택 자금으로 쓰일 가능성이 크다. 따라서 장기적으로 운용하기는 어렵다. 보통 전세로 살면서 전세금이 오르는 상황을 대비해야 하기 때문이다. 이때는 앞서 살펴본 자신의 경제 상황에서 대출을 활용할 수 있는 비율(181~187페이지 참고)을 고려하여 목표와 계획을 수립하는 것이 좋다.

주식, 하는 위험보다 안 하는 위험이 더 크다

주식

1%대의 초저금리 시대가 지속되면서, 많은 사람이 투자에 대한 필요성을 더욱 절실히 느끼고 있다. 이때 투자 방법으로 흔히 고려하는 주식은 높은 수익을 기대할 수 있는 반면, 원금 손실의 위험도 함께 감수해야 해야 하는 대표적인 위험 자산이기 때문에 쉽게 접근하지 못한다. 또한 주식시장은 시장을 둘러싼 모든 정보가 지체 없이 금융 자산에 반영되어, 시장의 평균 수익 이상을 얻기 힘들다는 특성을 갖고 있다. 따라서 주식 관련 정보를 활용했을 때, 그 정보의 가치가 이미 주가에 반영되었거나 경쟁 투자자들도 같은 정보를 가지고 동시에 투자에 뛰어들어 가치가 떨어지기 십상이다. 그러므로 주식만큼은 스스로 세운 투자 원칙이 절대적으로 필요하다.

주식 투자의 원칙을 세울 때, 고려해야 할 사항은 다음과 같다.

- 얼마 동안 어느 정도의 금액을 투자할 것인가?
- 얼마 동안 어느 정도의 손실을 감수할 것인가?
- 얼마 동안 어느 정도의 수익률을 목표로 할 것인가?

주식시장에 몰려드는 개인 투자자들은 대부분 단기적인 추세를 보고 투자하여 그 변동성에서 수익을 내는 '모멘텀 투자'를 한다. 그러나 주식을 할 때 실제로는 기업의 경영 성과의 변화를 살피며, 재무상태표를 보고 장기적으로 투자하는 '가치 투자'에 집중하는 것이, 늘 이길 수는 없지만 비교적 승률을 높일 수 있는 방법이다. 지금부터 주식 투자의 기본을 알아보도록 하자.

주식 투자, 꼭 해야만 하는가?

평소 강연을 하면서 사람들에게 "현재 주식 투자를 하지 않거나 앞으로도 투자할 계획이 없는가?"를 물으면 "그렇다"라고 답하는 사람들의 비율이 압도적이다. 그러면 나는 그런 사람들에게 "사실 좋든 싫든 우리 모두는 주식을 보유하고 있는 주식 투자자입니다"라고 말한다. 실제로 그렇다. 우리가 노후 준비를 위해 맡기는 돈(국민연금)의 상당 부분이 주식시장에 투자되고 있기 때문이다. 현재 공적연금과 같은 연기금(연금을 지급하는 원천이 되는 기금)의 주식 투자 비중이 계속해서 높아지고 있다. 이 사실은 무엇을 의미하는 것일까? 바로 자산시장에서 주식의 중요성이 높아지고 있다는 뜻이다. 따라서 "주식에 꼭 투자해야 하느냐?"라고 묻는다면, "현재 주식은 하는 위험보다 하지 않는 위험이 더 크다"라고 답하겠다.

딱히 주식 투자를 하지 않아도, 당장 눈에 보이는 손해는 없는 것처럼 보인다. 하지만 장기적으로 봤을 때 자산 가치가 상대적으로 낮아지는 위험을 직면할 가능성이 크다. 실제 내가 겪은 사례를 이야기하면, 1996년 삼성에 입사했을 당시 월급 내역서에는 사우회에서 매월 9만 원을 원천징수로 떼어 저축하는 항목이 있었다. 그리고 10년 후 퇴직할 때 그동안 모아진 1200만 원의 돈을 받았다. 생각지도 않은 목돈이 생겨 기분은 좋았지만, 따져보니 10년간 9만 원씩 회사 주식을 사두었더라면 훨씬 더 큰돈이 될 수 있었다는 사실을 알게 됐다.

회사에 입사했을 당시 삼성전자의 주가는 9만 원으로 약 0.7주를 살 수 있었다. 즉, 1주당 12만 8500원 정도였는데, 10년 후에는 1주당 66만 원까지 올라갔다. 만약 내가 매월 9만 원을 가지고 삼성전자 주식에 투자를 했다면, 10년간 총 43주를 보유할 수 있다는 계산이 나온다. 쉽게 비교해 살펴보면, 다음과 같다.

① 저축 : 매월 9만 원 x 10년 = 1200만 원

② 주식 투자 : 매월 9만 원 x 10년 = 삼성전자 주식 43주

　　　　　 43주 x 66만 원 = 2383만 원

10년 후 생기는 자산 총액이 무려 2.36배가량 큰 차이가 난다. 만약 주식에 투자하여 20여 년이 지난 현재까지 그대로 보유하고 있었다면, 무려 1억 1137만 원이 되는 금액이다. 나의 사례는 우리가 주식시장에 완전히 무관심할 경우, 잃게 되는 기회가 어떤 것인지를 극명하게 보여준다. 주식 투자는 분명 리스크를 갖고 있지만, 하지 않는 손실 또한 크며, 보이지 않는 이 손실은 앞으로 점점 커질 수 있다.

주식은 왜 오르락내리락하는 것일까?

주식을 좀 더 잘 이해하기 위해, 이제 막 개업한 중국집 식당을 가상의 사례로 생각해보자. 중국집을 개업하기 위해 총 2억 원의 돈이 필요하여 우선 은행에서 1억 원을 빌리고, 나머지는 1주에 100만 원인 주식을 발행하여 총 100명에게 자본금 1억 원을 조달했다.

가게의 수익은 총 매출액에서 인건비와 재료비, 임대료 등 원가를 뺀 남은 돈을 가리킨다. 이 중국집의 경우, 영업 후 발생하는 이익은 자본금을 투자한 100명의 주주에게 돌아가야 할 몫이지만, 당분간 이익이 생겨도 공금 통장에 쌓아두기로 하고, 당장 배당을 나눠 갖지 않기로 했다. 요약하자면, 중국집의 현재 자산은 부채 1억 원과 자본 1억 원을 합친 2억 원이다.

개업 후 첫 1분기(3개월) 매출에서 운영비를 모두 제외하고, 매월

100만 원씩 이익이 생겨 총 300만 원의 수익이 공금 통장에 쌓였다. 즉, 이 중국집의 자산은 총 2억 300만 원이 된 것이다. 3개월 만에 순자산(자본금)이 1억 원에서 1억 300만 원으로 늘었으니, 주식의 1주당 가치는 이제 103만 원이 된 셈이다. 만약 중국집이 주식 시장에 상장되어, 자유롭게 주식을 사고팔수 있다는 가정을 더해보자. 이때 1주의 가격은 최소한 103만 원보다 낮지 않을 것이다. 현재 1주당 내재적 가치가 103만 원이기 때문이다. 따라서 지금처럼 계속 이익을 낸다면 중국집 주식의 내재적 가치는 다음과 같이 계속 상승할 것이다.

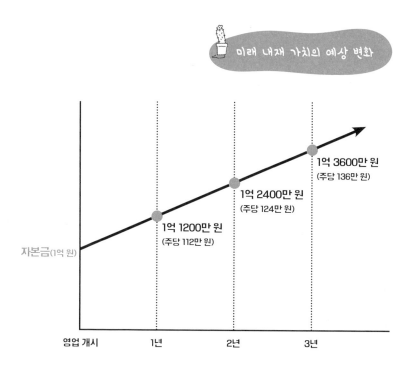

미래 내재 가치의 예상 변화

1억 3600만 원
(주당 136만 원)

1억 2400만 원
(주당 124만 원)

1억 1200만 원
(주당 112만 원)

자본금(1억 원)

영업 개시   1년   2년   3년

주식 투자자는 이처럼 주식의 내재적 가치를 고려하여 매매를 한다. 수익이 상승될 것이라는 낙관적인 예측을 하는 사람이 늘어날수록 주식 단가는 계속해서 상승할 것이다. 현재까지 발생한 수익 대비 미래에 도달할 내재 가치를 고려하여 기대되는 미래 가치에 대해 지금 투자하는 것이기 때문이다. 따라서 주식에 붙어 있는 프리미엄이란, 아직 실현되지 않았지만 미래에 발생할 이익이 현재가치로 거래되는 셈이다.

2년의 시간이 지나고 중국집이 그동안 매월 100만 원씩 꾸준히 수익을 내, 현재 주식의 내재적 가치가 124만 원이 되었다고 가정해보자. 이때 실제 시장에서는 약 130만 원 정도에 거래된다. 그런데 바로 옆 건물에 다른 중국집이 개업을 한다면, 시장에서는 현재 130만 원의 가치를 가진 중국집이 지금처럼 매월 100만 원의 순이익을 내지 못할 것이라고 예상하는 사람이 나타난다. 이런 생각을 가진 투자자들은 주식을 팔 것이다. 앞으로 떨어질 것으로 예상되는 중국집의 수익에 비해 현재 130만 원이라는 주가가 비싸다고 판단되기 때문이다. 이처럼 비관적인 예측을 하는 사람이 늘어날수록 주가는 130만 원을 유지하지 못하고 계속 하락하게 된다.

어떤 종목의 현재 주가가 비싸다고 판단하는 데 근거가 되는 이유는 여러 가지다. 미래 예상 수익에 문제가 생길 만한 변수가 발발한 경우 외에도 수익의 상승·하락과 무관하게 투자자가 개인적으로 당장 현금이 필요하다거나 금리가 상승해 주식을 팔 수도 있다. 즉, 주식이 변동성을 보이는 근본적인 원인은 해당 종목의 미래 예상 수익과 그 가능성에 있지만, 그와는 무관하게 경기 상황과 금리, 환율의 변동 등의 외부 여건이 될 수도 있다.

주식을 하기 위해 꼭 봐야 하는 자료

본격적으로 주식 투자를 한다면, 우선 시장에서 거래되는 주식 가격(시장가격)에 관심을 갖기 이전에 투자를 고려하고 있는 기업의 내부적인 재무 상태에 관심을 가져야 한다. 즉, 기업가치(장부가치)를 살필 필요가 있다. 이는 재무 상태를 나타내는 재무상태표를 통해서 알 수 있다. 해당 기업이 현재 얼마만큼의 부채와 자본이 있고, 또 어느 정도의 이익이 나서 어떤 속도로 자본금이 커지는지를 확인하는 것이 미래 주가의 방향을 판단하는 데 가장 중요한 정보이기 때문이다. 만일 이런 사전 정보 없이 무작정 주식에 투자하는 일은 마치 장님이 코끼리 다리를 만지는 격이다.

재무상태표에 나타난 기업의 가치가 곧 지금 시장에서 평가받는 가격인 주가와 같은 것은 아니지만, 시장가격인 주가는 결국 장기적으로 기업가치에 수렴한다는 사실을 기억해야 한다. 따라서 기업의 장부가치를 파악하기 위해서는 재무상태표와 손익계산서를 보는 연습이 필요하다. 재무상태표는 특정 시점에서의 기업의 자산과 부채, 자본의 모습을 보여준다. 한편 손익계산서는 기업이 어떤 활동을 통하여 만들어낸 이익과 함께 이익을 발생시킨 수익과 그 내용을 알기 쉽게 기록한 자료다. 이러한 기업의 장부가치를 보는 방법은 금융감독원 전자공시시스템 홈페이지(http://dart.fss.or.kr)를 이용하여 좀 더 자세히 살펴볼 수 있다.

보험은 절대 저축이 아니다

보험

항공기는 세상에 그 어떤 교통수단보다 안전하다. 통계상 사고율이 가장 낮기 때문이다. 최고 수준의 안전이 보장된 배경에는 하늘에서 수천 킬로미터를 비행하는 동안, 어떤 도움도 받을 수 없는 상황에 대비한 철저한 보안과 수많은 안전장치 덕분이다. 우리의 삶도 마찬가지다. 살아가면서 마주치게 되는 만일의 경제적 위험으로부터 나를 지켜줄 사람은 다른 누가 아닌 오직 나 자신뿐이다. 스스로를 보호하고 혼자 극복해낼 수 있어야 한다. 그래서 엄청난 부를 갖고 있지 않는 한, 누구에게나 보험은 꼭 필요하다. 항공기가 튼튼한 보안과 많은 안전장치를 갖고 있듯 말이다.

재테크 세미나에서 내가 가장 많이 듣는 질문 중 하나가 바로 "보험은 얼마나 가입해야 하나요?"다. 예로 든 항공기를 통해 좀 더 생각해보자. 항공기는 이륙 후 목적지까지 비행하는 데 필요한 연료보다 훨씬 더 많은 양의 연료를 싣고 비행한다. 이 추가 연료는 '비상연료'라고 일컫는데, 이 연료로 항공기의 무게가 증가되는 데 소모되는 비용은 항공사 입장에서는 큰 금액에 속한다. 그렇지만 이는 안전을 보장받기 위해 쓰는 비용, 즉 보험으로 여겨진다. 비상연료의 양은 비행 일자의 날씨와 거리, 항로, 인근 공항의 위치 등 여러 가지 조건에 따라 조정된다. 보험도 이와 마찬가지다. 개인이 처한 상황과 여러 가지 경제 조건을 고려해야 한다. 즉, "보험은 얼마나 가입해야 하나요?"라는 질문에 답하자면, 보험은 개인의 현재소득과 미래소득에 맞추어, 그 크기를 결정해야 한다. 보험을 통해 보호받아야 하는 것이 바로 현재와 미래의 경제력이기 때문이다.

보장성 보험은 저축이 아니다

이제 보험이 무엇인지 이해했다면, 보험의 가장 기본 종류인 '보장성 보험'에 대해 알아보자. 보장성 보험은 개인연금과 같이 저축을 주목적으로 하지 않고, 위험 보장을 최우선으로 하는 보험을 말한다. 보장성 보험에는 종신보험, 암보험, 건강보험, 재해상해보험, 운전자 보험, CI보험, 실손의료비보장 보험 등이 있다.

보장성 보험은 보험료의 많은 부분을 위험 비용으로 사용하기 때문에 저축의 기능이 매우 약하다. 정확히 말해, 화폐의 시간적 가치를 고려하면 저축 기능이 아예 없다고 볼 수 있다. 그러나 수십 년 후, 해지를 하더라도 상환되는 원금이 있어서 이를 자칫 저축성 기능으로 오인하여 보험 상품에 가입하는 사람들이 많다. 보험은 절대 저축이 아니다. 그럼에도 보장성 보험 상품을 저축의 일환으로 여겨, 당장의 저축 여력을 감소시키는 경우를 주변에서 쉽게 찾아볼 수 있다.

직장인 박예정(미혼·38세) 씨는 얼마 전, 보장성 보험 중 사망 보장이 주목적인 1억 원짜리 종신보험에 가입했다. 그녀가 이 상품을 택한 이유는 보험 기능도 되고, 장기적으로 봤을 때 저축과 같은 효과를 얻을 수 있을 것 같아서였다. 30대 미혼 여성이 사망 보장을 목적으로 하는 보험에 대해 필요를 느낄 일이 많지 않을 텐데 왜 이런 보험을 고르게 된 걸까? 예정 씨는 사실 사망 보장은 이차적 목적이고, 그저 돈을 모으는 데 일차적 목적을 두고 보험에 가입했다고 답했다. 장기적으로 돈을 모으고 싶었다면, 저축성 보험인 개인연금을 들거나 펀드나 적금을 활용하면 됐을 텐데, 실질적으로 전혀 필요하지 않은 보장성 보험을 굳이 고른 것이다.

예정 씨는 현재 독립을 하지 않고 부모님과 함께 살고 있다. 다시 말해, 결혼 자금이나 주택 자금이 될 목돈 만들기에 집중해야 하는 시기다. 그런데 보장성 보험을 장기 저축으로 고려하여, 약 24만 원이라는 적지 않은 돈을 매달 납입하여 묶어두는 것은 바람직하지 않다. 그렇다면 실제 그녀가 든 보험의 저축 효과는 얼마나 있는 것일까?

이는 보험의 해지 환급금을 통해 확인할 수 있는데, 예정 씨의 보험 내용을 담은 도표(235페이지 참고)를 보면, 납입 기간이 20년이므로 우선 최소 20년 후에 받을 수 있는 해지 환급금을 살펴봐야 한다. 2018년 현재 연 복리 2.5%를 기준으로 가정하여, 20년 후인 58세에 받을 수 있는 해지 환급금은 5211만 원(환급률 90.8%)이다. 그러나 20년 후의 화폐가치는 금리의 변화로, 현재와 큰 차이가 날 가능성이 높다. 그렇다면 20년 후의 5211만 원은 지금 화폐가치로 대략 얼마 정도로 고려할 수 있을까? 매년 2% 수준의 인플레이션이 있다고 가정하여 계산해보면, 20년 후의 5211만 원은 현재의 화폐가치로 3506만 원에 불과하다. 그런데 만일 보험 납입료와 같은 금액으로, 같은 기간 동안 연 2% 이자율로 저축을 해둔다면 어떨까? 예금을 했을 경우, 20년 후 기대되는 원금은 6842만 원으로, 환급률로 따져봤을 때 무려 119.2%에 달하는 금액이다.

장기 저축의 효과를 기대하고, 종신보험과 같은 보장성 보험에 가입하는 것은 마치 냉장고를 사서 에어컨 기능을 바라는 것과 마찬가지다. 냉장고가 에어컨이 아니듯, 보험은 절대 저축이 될 수 없다.

보험은 우선순위를 두고 따져야 한다

세상에 모든 이치가 그러하듯, 무언가를 얻으면 반드시 다른 무언가

	구분	보험 가입 금액	보험 기간	납입 기간	적용 보험료
본인	주 보험 1종	10,000만 원	종신	20년	239,000원
	본인 합계 보험료				239,000원

경과 년도	나이 (세)	납입 보험료(원)	납입 보험료 누계 (만 원)	중도 인출 (만 원)	연 복리 2.5% (가정)		최저 해지 환급금	
					해지 환급금(만 원)	환급률 (%)	해지 환급금(만 원)	환급률 (%)
3개월	38	717,000	71	-	0	0.0	0	0.0
6개월	38	717,000	143	-	0	0.0	0	0.0
9개월	38	717,000	215	-	0	0.0	0	0.0
1년	39	717,000	286	-	0	0.0	0	0.0
2년	40	2,868,000	573	-	192	33.5	192	33.5
3년	41	2,868,000	860	-	464	53.9	464	53.9
4년	42	2,868,000	1,147	-	720	62.8	720	62.8
5년	43	2,868,000	1,434	-	996	69.4	996	69.4
6년	44	2,868,000	1,720	-	1,263	73.4	1,263	73.4
7년	45	2,868,000	2,007	-	1,535	76.5	1,535	76.5
8년	46	2,868,000	2,294	-	1,771	77.2	1,771	77.2
9년	47	2,868,000	2,581	-	2,013	78.0	2,013	78.0
10년	48	2,868,000	2,868	-	2,303	80.3	2,303	80.3
15년	53	2,868,000	4,302	-	3,632	84.4	3,632	84.4
20년	58	2,868,000	5,736	-	5,211	90.8	5,211	90.8
25년	63	-	5,736	-	5,806	101.2	5,806	101.2
30년	68	-	5,736	-	6,461	112.6	6,461	112.6
35년	73	-	5,736	-	7,162	124.8	7,162	124.8
40년	78	-	5,736	-	7,903	137.7	7,903	137.7
45년	83	-	5,736	-	8,668	151.1	8,668	151.1
50년	88	-	5,736	-	9,470	165.1	9,470	165.1
55년	93	-	5,736	-	10,580	184.4	10,580	184.4
60년	98	-	5,736	-	11,821	206.0	11,821	206.0
62년	100	-	5,736	-	12,332	215.0	12,332	215.0

는 포기해야 한다. 다시 말해, 무엇을 얻을 것인가만큼이나 무엇을 포기할 것인가도 중요하다. 보험도 마찬가지다. 자신이 가진 보험료 예산(월 소득의 3~5% 기준)을 가지고, 무엇을 선택하고 무엇을 포기할지 결정해야 한다. 이때 적용되는 원리가 바로 '우선순위'다. 보험에서 우선순위를 잘 정하는 방법은 해당 보험을 가입했을 때, 얻을 수 있는 이익과 가입하지 않을 때 생길 수 있는 손실의 크기를 비교해, 그 차이를 고려하여 보험에 드는 것이다.

	초년기 (20세 미만)	청년기 (20~35세 미만)	장년기 (35~50세 미만)	노년기 (50세 이후)
경제적 가장	-	사망 〉 질병 〉 장해 〉 실손	사망 〉 질병 〉 장해 〉 실손	질병 〉 실손 〉 장해 〉 사망
배우자	-	질병 〉 장해 〉 실손 〉 사망	질병 〉 장해 〉 실손 〉 사망	질병 〉 실손 〉 장해 〉 사망
자녀	실손 〉 질병 〉 기타	-	-	-
미혼	-	질병 〉 장해 〉 실손 〉 사망	질병 〉 실손 〉 장해 〉 사망	질병 〉 실손 〉 장해 〉 사망

예를 들어, 아직 두세 살 밖에 안된 어린 자녀가 있는 가장이라면, 치아보험보다는 정기보험(일정 기간 동안 가입자의 사망을 보장하는 보험. 보통 낮은 보험료 대비 경제활동기에 높은 사망 보험금을 보장하지만 종신보험에 비해 환급

금이 낮거나 없을 수 있다)을 먼저 가입해야 한다. 가장에게는 정기보험이 우선순위가 더 높기 때문이다. 만약 가장이 치아보험을 가입하지 않을 때 생길 수 있는 손실을 따져보자면, 치과 치료에서 필요한 비용, 즉 치아보험에서 보장해 줄 수 있는 금액인 최대 100~200만 원 정도다. 이 정도 금액 수준이라면, 보험이 없어서 생기는 경제적 손실이 크다고 볼 수는 없다. 하지만 정기보험을 가입하지 않았을 때 생길 수 있는 손실은 다르다. 만일 경제활동기에 가장이 사망할 경우, 정기보험이 없다면 정기보험의 보장 금액인 3~5억 원 정도의 경제적 충격이 가정에 발생한다. 이는 평소의 경제력으로 보완할 수 있는 100~200만 원 정도와는 차원이 다른 금액이다.

반면, 미혼의 30대 여성의 경우 사망 보장보다는 질병 보장이 더욱 중요하다. 따라서 정기보험보다는, 건강보험이나 암보험처럼 자신의 생존 시 경제적 문제를 도울(해결할) 수 있는 보험이 우선순위가 더 높다. 이처럼 한정된 자원(월 소득)을 가지고, 어떤 보험을 우선시해야 할지를 알아보기 위해 보험 보장의 범주별로 정리하자면, 다음과 같다.

보험의 보장 가치를 유지해야 한다

'한 건의 가입으로 100세까지 든든한 보장!'이라는 말은 보험회사의 판매 마케팅에 불과하다는 사실을 명심해야 한다. 인간의 평균 수

명이 비약적인 증가를 보이면서, 이제는 100세 시대란 말이 그리 낯설지 않다. 과거 질병 보험의 대표적인 상품인 암보험을 살펴보면, 90년대에는 60세까지 보장했지만 그 후로 대상 연령이 70, 80세로 늘어났고 지금은 100세까지 보장해주는 상품들이 쏟아져 나오고 있다. 보험회사는 100세까지 보장되는 보험을 갖고 있지 않으면 마치 큰일이라도 날 것처럼 광고를 하지만, 현재 30세인 청년이 한 건의 보험을 가입하여, 향후 70년 동안 제대로 보장받기를 기대하는 것은 현실적으로 불가능하다. 현재 30세인 사람이 암보험에 가입할 때 보장받는 금액으로 100세까지 보장된다는 것이 무슨 의미가 있을까?

보험이 보험으로서의 가치를 가지기 위해서는 '적정성'이 필요하다. 적정성이란 보험이 경제적 어려움에 실제 도움이 되는 수준이어야 그 가치가 있다는 뜻이다. 만약 가장이 상해를 입거나 사망하여 경제적 능력을 완전히 상실한 가정에 1000~2000만 원 상당의 보험금이 나오는 보험이 있다면 어떨까? 물론 보상이 전혀 없는 것보다는 낫겠지만, 경제적 위기를 해결해줄 보험금으로서는 턱없이 부족한 금액이다. 예를 들어, 암 진단을 받고 1~2년 정도 직장에 나가지 못하거나 장사를 쉬어야 하는 경우라면, 최소한 2~3년치의 생활비, 즉 적어도 수천만 원의 보험금을 받을 수 있어야 위기를 극복할 수 있다.

대부분의 보험은 시간이 흐르면 흐를수록 인플레이션의 영향을 받아서 실질적인 가치가 떨어지므로, 보험에 가입하고 100세까지 그 가치가 유지되리라는 생각을 갖는다면 이는 착각이다. 20년 차 직장인인 장해성(47세·E건설) 씨는 20년 전 매달 보험료 2만 950원을 납입하는 만기 20년의 건강보험 상품에 가입했을 때, 무척 망설였던 기억이 아직도 생생하다. 150만 원의 월급에서 매월 약 2만 원을 납입하는 것은 적지 않은 부담이었기 때문이다. 하지만 70세까지 암 진단 시 1000만 원이라는 큰돈이 보장되어, 앞으로 암과 관련된 보험은 추가로 가입할 필요가 없다는 보험설계사의 설득으로, 보험 가입 계약서에 도장을 찍었다. 그러나 그 후 해성 씨는 보험을 두 차례나 업그레이드해야 했다. 보험에 가입했던 1998년도 당시에 보장된 금액의 가치가 계속해서 달라졌기 때문이다. 보장 금액 1000만 원이면 굉장히 큰 금액이었지만, 현재 암보험 보장 금액이 1000만 원이라고 하면, 두 달치 월급에도 못 미치는 금액이다. 보험 금액의 적정성이란, 보통 20~30년 이내에도 충분하다고 여겨지는 금액이어야 한다.

한 가지 더 중요한 사실은 보장해주는 보험 금액만 그 가치가 줄어드는 것이 아니라는 점이다. 납입하는 보험료도 인플레이션의 변화에 따라서 그 가치가 계속 줄어든다. 또 사람들이 나이가 들면서 자산이 늘어나고 가족의 생계를 책임지는 기간도 줄어드는 등 상황에 따라 보험의 필요성도 줄어든다. 즉, 보험이란 보험 금액과 보험료의 가치, 그리고 필요성이 계속 줄어드는 상품이다. 따라서 보험은 시간이 지남에 따라 상황에 맞춰 주기적으로 조금씩 업그레이드함으로써 보장 가치를 유지하는 것이 중요하다.

5툴로 은퇴 후 공무원처럼 산다

노후 대비

우리가 현재 소득을 모두 소비하지 않고, 일부를 저축하는 이유는 소득이 영원하지 않기 때문이다. 다시 말해, 저축의 가장 큰 목적은 '미래 소비'다. 그중에서도 특히 소득이 사라진 이후에도 계속 살아가기 위해 필요한 노후 소득을 준비하는 것은 인생에서 가장 중요한 재테크다.

소득이 사라진 후에도 안정적인 생활을 하기 위해서는 얼마만큼의 돈이 필요할까? 당연히 지금의 생활비(자녀 교육비 제외)보다 더 필요할 것이다. 노후에 좀 더 풍요로운 생활을 누려야 한다는 차원이 아니라, 현재 소득 수준을 그대로 유지한다고 해도 지금의 생활비로는 턱없이 부족하다. 누구라도 자신의 생활 수준이 현재보다 더 낮아지지 않길 바랄 것이다. 또 은퇴 이후에는 인생에서 가장 여유롭고 즐거운 삶을 살기를 바란다. 문제는 이러한 바람이 현재의 생활비로는 절대 충분하지 않다는 점이다.

은퇴 이후에는 일하는 시간에 비해 여가시간이 두 배 이상 늘어남에 따라 필요한 생활비도 더 늘어난다. 게다가 60세 이후에는 의료비와 건강 관리 비용도 증가한다. 그렇다면 현실적으로 은퇴 이후, 생활비가 얼마만큼 늘어나는 것일까? 이를 대략적으로 살펴보기 위해, 앞서 작성한 자신의 '월 현금 흐름 구성(139페이지 참고)'에서 비소비성 지출(저축)을 제외한 소비성 지출 금액 중 은퇴 이후에 변화를 보일 항목을 확인하여, 현재와의 차이를 비교해보는 것이 도움이 된다.

체계적으로 노후를 준비하는 방법

노후 준비가 체계적으로 잘 이루어지는 유럽 국가들과 달리, 우리나라의 현실에서 노후 준비는 여러 이유에서 그야말로 뒷전에 놓여있다. 일반적으로 노후 준비는 다른 재무 목표에 비해, '나 혼자 스스로 책임져야 한다'는 인식이 특히 약한 항목이다. 아주 먼 미래의 일처럼 여겨져서 시간에 대한 의존성이 생기고, 특히 배우자나 가족에 대한 의존성이 강해지는 영역이 노후 준비다. 하지만 현실적으로 황혼이혼이 늘어나고, 앞으로 점점 더 자녀의 경제적 사정에 기대기는 어려울 것으로 예상되기 때문에 미래에 노후를 맞이하면서 경제적으로 다시 독립한다는 각오를 가져야 한다. 따라서 보다 더 전향적인 자세로 구체적인 목표를 세우고 실질적인 해결 방법을 고민하는 자세가 필요하다.

원래 넉넉한 자산이 있거나 앞으로 큰 자산이 생길 일이 없는, 대부분의 소득생활자들이 현실적이면서 체계적으로 노후 준비를 가장 잘할 수 있는 방법은 무엇일까? 가장 대표적인 것이 '국민연금'이다. 국민연금이나 공무원연금은 국가에서 소득의 일부를 모아, 노후 준비의 재원으로 사용하기 위해 매월 발생하는 소득에서 원천징수를 한다. 이 때문에 개인의 의사와는 상관없이, 강제적으로 하게 되는 노후 준비다. 이처럼 노후 준비의 경우 다른 재무 목표보다도 특히 강제성 있는 시스템을 활용해 자금을 모을 필요가 있다.

흔히 사람들이 공무원의 적은 월 소득은 생각하지 않고 무작정 공무원연금만 부러워하는 경우가 많다. 공무원들의 소득이 상대적으로 적은 이유는 소득의 상당 부분을 원천징수하여 노후 준비를 위해 사용하기 때문이다. 공무원연금은 월 소득 중 연금 기여금으로, 14%(2018년도 기준)를 적립한다. 이렇게 강제적으로 적립된 공무원연금으로 퇴직 후 노후에 보장받게 되는 금액은 매우 클 수밖에 없다. 그렇다면 일반인들도 공무원처럼 노후에 안정적인 소득을 얻기 위해서는 어떤 방법으로 준비할 수 있을까?

먼저 노후를 준비함에 있어 제약이 되는 여러 이유부터 생각해보자. 첫째, 노후 자금을 위해 당장 많은 돈을 투자할 수 없다. 둘째, 짧은 시간 내에 자금 마련을 해결할 수 없다. 셋째, 단 한 가지 방법만으로는 준비가 불가능하다. 넷째, 다른 자금 마련 항목과 비교했을 때 상대적으로 자발적인 의지를 가지고 꾸준히 유지하기가 어렵다. 하지만 이러한 제약에도 불구하고 현명하게 노후를 준비할 수 있는 방법이 있다.

1. 당장 많은 돈을 투자할 수 없다 → **적은 금액으로 장기간 투자한다**

2. 짧은 시간 내에 해결할 수 없다 → **되도록 일찍 시작하여 준비 기간을 늘린다**

3. 한 가지 방법으로 준비할 수 없다 → **여러 가지 방법을 찾아 구성한다**

4. 자발적으로 꾸준히 유지하기 어렵다 → **강제적 시스템을 만든다**

위의 네 가지 방법으로 접근하여, 내가 직접 고안해낸 방법이 바로 '5툴tool 노후 준비 모델'이다. 이는 은퇴 후 필요한 생활비를 총 다섯 가지로 나누어서 준비하는 개념을 말한다. 다섯 가지로 준비하는 이유는 소득의 출처가 갖고 있는 불안정성을 고려하고, 각각의 장단점을 고루 활용하여 최소 다섯 가지 영역에서 생활비가 마련되도록 하기 위해서다. 그럼 5툴 노후 준비 모델은 어떻게 구성되어 있는지 한번 살펴보자(244페이지 참고).

5툴(tool) 노후 준비 모델

	공적연금	퇴직연금	개인연금	임대 부동산	근로·사업 소득 (은퇴 이후)
강제성	○			X(선택 사항)	
장점	변동성 있으나 종신 지급이 보장되고 중도 인출이 불가함	비자발적인 강제 적립임	안정적인 지급이 보장되고 종신 지급이 가능함	인플레이션헤지 inflationary hedge가 가능함	소비가 절약되는 효과가 있음
단점	본인 의사와 무관하게 변동성이 있음	인플레이션에 취약하고 중도 인출이 가능함	인플레이션에 취약하고 중도 인출이 가능함	공실 발생으로 임대 수익 중단 가능성 있음	지속성이 약하고 불확실성이 높음
노후 소득 비중	20% 미만	20~30%	20~30%	30~40%	20% 미만

※ 노후 소득 비중은 국민연금 수급자 기준으로 함

국민연금과 퇴직연금을 활용한 노후 소득

우선 공적연금과 퇴직연금(퇴직금)은 선택적 가입이 아니라 강제적이고 비자발적인 방식으로 운용되어, 최소한의 노후 준비를 가능하게 하는 역할을 한다. 다만, 국민연금의 경우 근래 사람들의 회의적인 시선을 받고 있다. 현재 보장하고 있는 연금 수급 조건이 앞으로 지켜질 수 있는 가능성이 낮다고 보기 때문이다. 그러나 국민연금은 국가에서 지급을 보증하는 것이기 때문에 향후 개혁을 통해 지급 기준이 달라질 수는 있지만, 지급 자체가 아예 이루어지지 않는 불상사는 일어나지 않을 것이다. 퇴직연금은 비자발적으로 납입하여 강제적으로 적립되는 성격을 갖고 있으나, 이직이나 퇴직으로 중도 인출하는 경우가 많아서 대부분 노후 준비와는 무관하게 쓰인다. 퇴직금은 근로 소득이 있는 현재를 위해서가 아닌 소득이 끊겼을 때를 위해 대비하는 자금이므로, 은퇴 전까지 적립되는 퇴직연금과 퇴직금은 자금 사용 계획에 포함하지 않는 것이 좋다.

개인연금을 활용한 노후 소득

대체로 상황에 따라 다르겠지만 노후에 필요한 생활비는 현재의 생활비 대비 최소 1.5배 수준 이상이어야 한다. 현실적으로 국민연금과 퇴직연금만으로는 생활비의 40~50% 이상을 감당하기는 어렵다. 5툴의 나머지 세 가지 중 하나는 바로 개인연금이다. 개인연금에 대해서도 국민연금과 마찬가지로 실효성이 있는지 의문을 갖는 사람들이 많다. 그러나 노후 자금은 당장 많은 돈을 투자한다고 해서 마련할 수 있는 것이 아니므로, 적은 금액이라도 오래도록 저축을 해두는 선택을 거의 필수적으로 해야 한다.

이때 적금이나 펀드보다 개인연금을 선택하는 것이 적절하다. 적금과 펀드의 경우, 구속력이 약하고 이자소득세가 발생하여 인출 시 매번 세금을 지불해야 한다. 펀드는 후취수수료가 높아서 장기 투자 시에 비용이 점점 증가하게 되고, 적금의 경우에는 20년 이상의 초장기 투자 시 이자율이 낮기 때문에 결과적으로 매우 불리하다.

반면 개인연금은 적금과 펀드보다는 노후까지 저축을 유지할 가능성이 가장 높고, 매월 생활비로 지급받아도 이자소득세로부터 자유롭다. 또한 20년 이상 장기간 운영한다면 펀드에 비해 총비용이 낮다는 장점이 있다. 아울러 금리형 이외에 주식과 채권에 투자하는 투자형 상품도 갖추고 있어, 낮은 금리를 보완할 수 있는 방법도 있다. 따라서 개인연금은 5툴 중에서 적은 금액으로 오랜 기간 동안 저축하여 노후를 대비하는 데 가장 적절한 방법이다.

임대 부동산을 활용한 노후 소득

5툴의 네 번째 도구는 임대 부동산이다. 노후 준비를 위한 부동산 마련의 경우, 먼저 1주택 마련이라는 숙제를 끝내고 난 후부터 은퇴 전까지 준비해야 한다. 2017년까지는 대출 가능 비율이 높고 2주택자에 대한 양도소득세가 낮아서, 부동산 갭 투자가 매우 활성화되었다. 예를 들어 전세가 2억 7000만 원에 매매가 3억 원짜리 아파트를 우선 실투자금 3000만 원으로 전세를 끼고 매입한 후, 조금씩 돈을 모아서 은퇴 전까지 전세금을 상환하게 되면, 은퇴 이후에는 이 아파트를 활용하여 월세를 통해 일정 소득이 생기게 된다.

임대용 부동산은 주택뿐 아니라 상가, 건물 등도 있다. 만약 결혼 후 12년 이내에 자가 주택 마련에 성공했다면, 그때부터는 조금씩 자금을 모아서 주거 이외에 임대를 목적으로 부동산을 마련해두는 것이 또 하나의 노후 준비 툴이 된다. 부동산은 여러 장점을 갖고 있지만, 동시에 불확실성이 큰 만큼 너무 욕심을 부리기보다는, 노후 생활비의 30~40% 이내 수준의 소득을 얻을 수 있는 정도의 부동산을 목표로 하는 것이 좋다.

근로·사업소득을 활용한 노후 소득

노후를 준비하는 마지막 툴은 근로·사업소득이다. 은퇴 후 생활비를 이야기하는데, 근로(사업)소득이라니 다소 의아할 수 있다. 여기서 말하는 소득은 은퇴 전 생계를 위해 일하던 경제활동기의 소득과는 다른, 비非생계형 소득을 뜻한다. 즉, 소일거리 삼아 자아실현이나 자기계발을 목표로 하면서, 약간의 용돈도 벌 수 있는 정도의 일을 말한다. 실제 평균적으로 은퇴 후에도 무언가 할 수 있는 일을 꾸준히 하는 사람들의 경우, 보다 더 안정적인 노후 생활을 유지한다고 한다. 아무 일도 하지 않는 것보다 평소 일을 하는 시간을 가지면 여가시간에 느끼는 행복감이나 만족도 또한 상대적으로 더 높고, 생활비 면에서도 약간의 도움을 얻을 수 있으므로 최근 은퇴자들의 경우 슬로우 워킹 Slow working을 많이 선호하는 추세다.

아직은 멀게만 느껴지는 노후이지만, 빠르게 준비하면 할수록 더 확실한 보장을 얻을 수 있을 것이다. 든든한 노후 준비를 위해 지금부터 시작할 수 있는 5툴 노후 준비 모델을 직접 계획해보자.

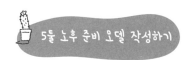
5툴 노후 준비 모델 작성하기

(단위: 원)

	공적연금	퇴직연금	개인연금	임대 부동산	근로·사업 소득
예상 자금 (매월)					
노후 소득 비중 (%)					

※ 국민연금 완전노령연금액은 국민연금관리공단(www.nps.or.kr)을 통해 확인할 수 있다.

돈에 절대 휘둘리지 않는
1인 가구가 되기를 바라며

올여름, 지금껏 겪어본 적 없는 엄청난 폭염이 우리 사회를 덮쳤습니다. 이 고된 계절의 끝에 '회복되지 않는 불경기' '최악의 고용난'이라는 암울한 소식들까지 더해져 좀처럼 희망을 찾아보기 힘든 시간들이 지나가고 있습니다.

요즘 20~30대 청년들을 만나보면 그 어느 때보다도 모든 것을 스스로 해결해나가고자 하는, 독립심 강하고 당찬 사람들이 많다는 생각을 자주 하게 됩니다. 그리고 저는 여기에서 작지만 큰 희망을 엿보곤 합니다.

특히 결혼에 대한 그들의 생각을 물어보면, 한결같이 "결혼 이전에 먼저 스스로 온전한 경제적 독립을 이루고 싶어요"라고 대답합니다. 저는 이 대답이 무작정 결혼을 하지 않겠다는 말이 아니라, 우선 스스로를 책임지는 법을 알고 난 후 서로를 책임지겠다는 멋진 '독립 선언'으로 들렸습니다.

그런데 그런 마음과 달리 요즘 세대들은 실제로 돈을 다뤄본 경험이 거의 없고, 치열한 입시 경쟁에 내몰려 제대로 된 경제 교육을 받아본 적이 없습니다. 자연히 돈 관리에 어려움을 느끼곤 합니다. 그래서 저는 이들에게 가볍게 읽으면서도 1인 가구에게 꼭 맞는 돈 관리 방법과 재테크 기본 상식을 쉽게 배울 수 있는 기회를 주고 싶어 이 책을 쓰게 되었습니다.

앞서 여러 차례 언급했듯이 경제와 돈 관리에는 딱 정해진 하나의 정답이 있지 않습니다. 그러므로 공부를 해서 얻은 지식 자체에 매몰되기보다는, 이 책을 통해 얻은 기본 경제 및 금융 원리를 바탕으로 세상에서 벌어지는 여러 가지 정보를 스스로 체득해 생각해보는 '통찰력'을 키우기를 바랍니다. 그런 과정을 통해 누구에게도 기대지 않고, 혼자 직접 생각하고 판단하며 자신의 삶을 책임질 수 있는 멋진 1인 가구로 거듭나기를 응원합니다.

책이 나오기까지 함께 고민하며 애써주신 한보라 전 팀장님, 임보윤 팀장님, 그리고 김민혜 대리님에게 감사드립니다. 늘 저를 응원하며 기도해주는 가족들, 그리고 작은누나와 어머니에게도 고마움을 전합니다. 끝으로 언제나 저의 능력 이상의 새로움을 주시는 하나님께도 감사드립니다.

결혼은 모르겠고 돈은 모으고 싶어

초판 1쇄 발행 2018년 9월 4일
초판 5쇄 발행 2022년 3월 14일

지은이 김경필
펴낸이 김선식

경영총괄 김은영
콘텐츠사업1팀장 임보윤 **콘텐츠사업1팀** 윤유정, 한다혜, 성기병, 문주연
마케팅본부장 권장규 **마케팅2팀** 이고은, 김지우
미디어홍보본부장 정명찬
홍보팀 안지혜, 김민정, 이소영, 김은지, 박재연, 오수미 **뉴미디어팀** 허지호, 임유나, 박지수, 송희진, 홍수경
저작권팀 한승빈, 김재원, 이슬 **편집관리팀** 조세현, 백설희
경영관리본부 하미선, 박상민, 김민아, 윤이경, 이소희, 김소영, 이우철, 김혜진, 김재경, 최완규, 이지우, 김진경
외부스태프 일러스트 홍·단단 instagram.com/hongdandan.pencil **본문조판** 김연정

펴낸곳 다산북스 **출판등록** 2005년 12월 23일 제313-2005-00277호
주소 경기도 파주시 회동길 490
전화 02-702-1724 **팩스** 02-703-2219 **이메일** dasanbooks@dasanbooks.com
홈페이지 www.dasan.group **블로그** blog.naver.com/dasan_books
종이 ㈜한솔피앤에스 **출력·인쇄** ㈜갑우문화사

ISBN 979-11-306-1903-3 (03320)

다산북스(DASANBOOKS)는 독자 여러분의 책에 관한 아이디어와 원고 투고를 기쁜 마음으로 기다리고 있습니다.
책 출간을 원하는 아이디어가 있으신 분은 다산북스 홈페이지 '투고원고'란으로 간단한 개요와 취지, 연락처 등을 보내주세요.
머뭇거리지 말고 문을 두드리세요.